U0748428

银行业系统性风险网络传染机制研究

贾凯威◎著

中国金融出版社

责任编辑：黄海清
责任校对：李俊英
责任印制：陈晓川

图书在版编目（CIP）数据

银行业系统性风险网络传染机制研究/贾凯威著. —北京：中国金融出版社，2023.5
ISBN 978 – 7 – 5220 – 1999 – 4

Ⅰ.①银…　Ⅱ.①贾…　Ⅲ.①银行业—网络安全—研究—中国
Ⅳ.①F832.2

中国版本图书馆 CIP 数据核字（2023）第 080521 号

银行业系统性风险网络传染机制研究
YINHANGYE XITONGXING FENGXIAN WANGLUO CHUANRAN JIZHI YANJIU
出版
发行　　**中国金融出版社**

社址　北京市丰台区益泽路 2 号
市场开发部　（010）66024766，63805472，63439533（传真）
网 上 书 店　www.cfph.cn
　　　　　　　（010）66024766，63372837（传真）
读者服务部　（010）66070833，62568380
邮编　100071
经销　新华书店
印刷　北京七彩京通数码快印有限公司
尺寸　169 毫米×239 毫米
印张　12.25
字数　176 千
版次　2023 年 5 月第 1 版
印次　2023 年 5 月第 1 次印刷
定价　50.00 元
ISBN 978 – 7 – 5220 – 1999 – 4
如出现印装错误本社负责调换　联系电话（010）63263947

本成果得到了北京工商大学数字商科与首都发展创新中心项目（系统性金融风险多层网络交叉传染路径演化机制研究，批准号：SZSK202205）、辽宁工程技术大学2023年度社科揭榜挂帅项目（中国式银行治理现代化与系统性风险防范，批准号：23-A017）；2023年辽宁省科学事业公益研究基金（软科学研究计划）项目（B类）（辽宁省科技型企业"创新链、产业链"等融合现状及提升对策研究，批准号：2023JH4/10600041）的资助。

目　录

第1章 绪 论

1.1 问题的提出与研究意义

金融活,经济活;金融稳,经济稳。防范和化解系统性金融风险是金融服务实体经济高质量发展的底线和必要保障。我国是以银行为主导的金融体系,银行业系统性风险的防范和化解是经济发展的重中之重。系统性风险问题不是与生俱来的,是经济全球化、金融自由化与银行业竞争发展到一定阶段的产物。从我国银行业的改革与发展历程不难看出,改革开放至 2008 年国际金融危机爆发的 30 年里,竞争与开放是我国银行业发展的主线:由央行一家银行到国有商业银行、股份制商业银行、政策性银行、城市商业银行、村镇银行、民营银行等门类齐全、功能丰富的银行体系的形成,促进了我国银行业在国内的有效竞争与经济的高速发展;外资银行进入,中国加入世界贸易组织,中资银行设立境外分支机构以及对外国银行投资并购的实施,加快了我国银行业"引进来"与"走出去"的步伐,是对我国以高水平开放促高质量发展的重要诠释。但是,随着我国银行业竞争加剧以及银行业"引进来"与"走出去"步伐的加快,我国银行业系统性风险问题逐渐引起政府与监管部门的重视:一方面,竞争加剧促进了各银行的跨区经营战略,银行为分散异质性风险,强化内部资金市场,降低经营成本,产生了强烈的跨区经营动机与扩大规模动机,追求"大而不倒",增强了我国银行业的复杂性,包括地理复杂性与组织复杂性。银行的跨区经营客观上又强化了银行在各区域的同质性竞争,面向共同企业及产业的贷款不断增加,银行资产同质性上升，在经济转轨背景下，这无疑加剧了银行业系统复杂性与关联性，客观上形成"太连接而不能倒"。另一方面，随着银行竞争加剧以及利率市场化改革的推进，银行存贷利息差不断下降，受银行的逐利动机以及房地产业空前发展的影响，我国商业银行的房地产贷款集中度不断攀升并居高不下，对房地产业的股权投资也不断上升，银行业的风险敞口不断上升，进一步加剧了商业银行经营同质性。

由以上可以看出，银行业竞争在提高金融可得性、降低单个银行经营成本及银行特质风险的同时，也提高了我国银行业的关联性、复杂性，增强了银行资产与经营决策的同质性，系统性风险问题不容忽视。2007年美国次贷危机演化为全球金融海啸，生动诠释了系统性金融风险的传染性特征及其对经济金融稳定的影响。鉴于此，2008年以后，我国银行业在继续坚持竞争、开放主线的同时，将金融安全与金融稳定作为金融发展的底线，系统重要性银行的复杂性与银行间的关联性成为监管重点（《系统重要性银行评估办法》，2020）。受系统性金融风险特征启发，现有学界借鉴金融物理学中的金融复杂系统这一概念，将复杂网络理论与计量经济学结合，对系统性风险传染进行实证研究。

需要注意的是，根据 Cetorelli 和 Goldberg（2014）等的研究，银行业复杂性包括组织复杂性与地理复杂性，而现有研究及应用多注重组织复杂性对系统性风险的影响，对地理复杂性是否以及如何影响系统性风险的研究非常少，这与我国地域广阔，产业结构与经济发展异质性突出，银行异地经营特征明显不相符；另外，银行业关联是多属性的，既有资产端关联，也有负债端关联，还有权益型关联，现有研究仅关注银行单一属性的网络的研究（单层网络），而同时对多属性关联的多重网络研究不够，不利于判断金融传染是否存在跨网络传染以及如何进行跨网络传染，从而不利于厘清银行业系统性金融风险的传染路径与传染机理；仅基于单层网络的研究还容易导致模型风险与结果失真。基于此，本书运用多重复杂网络理论与方法，对银行业竞争系统性风险传染的机制进行实证研究。这对于避免单层网络范式带来的模型风险与结果失真，厘清银行系统性风险的多层网络传染机制，完善我国宏观审慎监管具有重要理论与现实意义。

1.2　国内外研究现状

1.2.1　系统性风险研究概述

（1）系统性风险概念演化。自 2008 年国际金融危机爆发以后，系统性风险成为国内外学术界的热门课题，直至今日仍被广泛研究。但就其概念来说，在国际上尚未完全统一。其原因在于系统性风险的复杂性和多变性，以及当前对于系统性风险的研究仍然较为有限。在 2008 年以前，大部分学者认为系统性风险主要发生于国际性组织以及中央银行，因此系统性风险的理解和概念界定也较为局限。Thornton（1802）最早提出了系统性风险，他认为该风险是某家银行出现危机导致风险溢出到另一家银行，致使整个系统出现风险。Minsky（1995）等从信息传递的角度表明系统性风险是某个事件的发生导致金融市场信息阻断，从而造成整个金融市场发生危机的可能。Kaufman（1996）和 Schwarcz（2008）等认为，系统性风险是由一个事件在一连串的机构和市场构成的系统中引起一系列连续损失的可能性，即系统性事件在整个体系所引发的"多米诺骨牌效应"。González - Hermosillo（1996）的观点与之相似，认为某个银行的金融危机会像传染病般在整个系统扩散从而形成系统性风险。十国集团（Group of Ten，2001）从实体经济的影响方面将系统性风险定义为：单个事件的冲击导致部分金融体系崩溃、经济损失或不确定性因素增加，甚至对实体经济造成严重危害的风险。直至 2008 年国际金融危机爆发后，国际清算银行（BIS）率先提出，如果仅关注某单一金融机构的风险，难以保证整体金融系统的稳定运行。因此，许多学者开始意识到，系统性风险不仅是由于某金融机构的外生冲击所导致的，而且具有积累性，并可以通过多种渠道扩散，进而逐渐形成了关于系统性风险的新观点。例如欧洲中央银行（ECB）曾指出，系统性风险是一个金融机构无法履行义务时，引发另一个金融机构的违约，并可能导致显著的流动性和信用问题，从而影响金融市场的稳定（BIS 等，2009；Zigrand，2014；Smaga，2014）。Bernanke（2009）认为，由系统性风险引发的事件是危及整个宏观环境以及整个金融体系的事件。Benoit 等（2017）认为，系统性风险是导致市场大量参与者同时遭受严重损失，并且迅速扩散到系统中的风险。宫晓莉等（2020）认为，金融系统性风险是可能导致金融系统受损进而迫使其金融服务功能中断，对实体经济产生严重危害的风险。杨子晖等（2020）认为，该风险是指一个系统性事件对大量的金融机构或金融市场产生了明显冲击，严重损害了金融系统的正常运行，进而妨碍了经济增长，导致福利的损失。

综上所述，当前学术界对于系统性风险的定义大体可以归纳为以下几类：第一，从影响金融体系功能的角度定义。系统性风险，是指某突发事件引发金融市场信息中断，导致金融功能丧失的可能性。第二，从风险传染角度界定。系统性风险，是指金融系统中的一个事件通过连锁反应，影响系统中一连串的金融机构和市场，该连锁性反应导致了损失扩散甚至发生金融危机的可能性。第三，从风险危及的范围角度来定义。系统性风险，是威胁整个金融体系以及宏观经济而非一或两个金融机构稳定性的事件。第四，从对实体经济影响的角度。系统性风险，是指可能导致大范围金融紊乱并对实体经济造成严重影响的风险，同时经济周期、政策波动等都可能是引发系统性金融风险的因素。在金融事件的发生以及研究的深入中，系统风险的内容更加全面，并在逐渐完善，但仍未有明确的界定，这也表明系统性风险仍然值得更深入的研究与探讨。

（2）系统性风险的特征。从理论上来看，全面地理解和分析系统性风险的特征，在一定程度上不仅能够认识系统性风险的成因，也为风险的防范和监管提供理论依据。历次金融危机及现有研究表明，系统性风险表现为以下特征。

首先是系统性风险的传染性。Thornton（1802）在首次提出系统性风险的概念之时，就明确地表示系统性风险具有外溢性，某一金融机构的风险会向其他金融机构扩散。虽然此后的文章对于该类型风险的观点和定义不断地更新，但都未否定系统性风险的传染性这一特征。2008 年的国际金融危机等一系列由系统性风险引发的危机事件,都更好地证明了这一特征。尤其是经济全球化的推动和发展,使得系统性风险的传播范围越来越广泛,以至于出现了跨地区、跨部门、跨市场等传播现象。因此,更加需要各国完善金融监管机制,在危机爆发时,及时切断风险传播链。

其次是系统性风险的复杂性。从系统性风险的识别、产生、传播,到控制、防范、预警和监管的一系列活动来看,复杂性的特征体现在每一部分。尤其是系统性风险诱发因素的不断积累以及传播过程中多渠道、多路径的特点(罗航等,2020),使得其复杂程度不断加深。也正是由于系统性风险的复杂性,使得系统性风险的预警和防范较为困难。

再次是系统性风险的整体性。随着对金融风险研究的深入,越来越多的学者发现,系统性风险不仅是由于单一金融机构的危机冲击所致,而是具有积累性,需要关注系统性风险的整体性(胡海峰,2014)。由于金融机构具有关联性同时变得越来越密不可分,使得当前学术界以及金融监管部门,都在从"大而不能倒"向"太关联而不能倒"的观念转变(杨子晖,2020)。金融机构间的"多米诺骨牌效应"在随着金融机构关联性的上升而放大,因此更要注重整个金融系统的整体性,从整体来防范和化解金融风险。

最后是系统性风险的隐匿性与积累性。这也进一步加剧了系统性风险防范和预警的难度。金融系统的脆弱性和复杂性,以及危机反应的时滞性,使得系统性风险难以被及时识别(李政,2019)。同时,金融危机的爆发是一个个或大或小的事件积累导致的,但往往更多被注意到的是引发金融危机的导火线,而那些隐藏在导火线背后的事件却难以捕捉。但随着金融研究的发展和技术的进步,学者们正在不断挖掘那些导致危机发生以及积累形成的系统性风险的因素。综上来看,对于系统性风险特征的新的观点及看法,加深了对系统性风险整体的认识与理解,进而更有助于该类型风险的防范与监管。

(3)系统性风险的度量。目前学术界关于系统性风险主要有两种衡量方法。

一是注重财务回报的尾部度量法,它主要依赖市场数据,强调了尾部风险，主要有 MES（Acharya 等，2017）、$\Delta CoVaR$（Adrian 和 Brunner-meier，2016）以及 SRISK（Acharya 等，2012；Brownlees 和 Engle，2017）等方法。2008 年国际金融危机爆发后，从整个金融体系着手衡量系统性风险成为研究的重点。在传统的系统性风险度量方法中，VaR 被学术界普遍接受并广泛应用于监管实践，但该指标缺少对银行间风险溢出的考虑。$\Delta CoVaR$ 方法克服了传统 VaR 方法的不足，将金融系统作为一个整体考虑，全面考察了金融危机过程中系统重要性金融机构的风险溢出和风险转移，可以反映以下事实：金融机构之间的相关性在危机期间不断增加，监管机构可以方便地识别金融机构的系统重要性。此外，$\Delta CoVaR$ 在测度系统性风险和单个金融机构的边际风险贡献时，与风险价值（VaR）一样不具有可加性，无法通过单个金融机构对系统性风险的贡献估算出整个系统性风险值。2008 年国际金融危机使监管部门意识到仅关注那些"太大而不能倒"的金融机构是不够的，对系统重要性金融机构其他方面特征的识别也尤为重要，例如"太关联而不能倒""太复杂而不能倒"等。基于此，Acharya 等（2010）提出短期的边际期望损失（MES）——单个金融机构相对于金融系统整体的资本短缺程度——可以作为系统重要性金融机构的识别指标。MES 能兼顾"太大而不能倒"和"太关联而不能倒"，但这一指标也存在其局限性：忽视了金融机构特质风险的影响，无法直接判定金融机构的系统重要性。因此，Brownlees 和 Engle（2011）在 MES 基础上发展出了系统性风险指数（SRISK）。与 MES 不同的是，SRISK 强调在一个更长的时间段，预期长期资本短缺来识别系统重要性金融机构。SRISK 在计算过程中同时考虑了规模，杠杆和关联性等重要因素的影响，能够反映单个金融机构抵御风险的能力。因此理论上，SRISK 对系统重要性金融机构的识别结果要优于以往的方法。但 CoVaR、MES 和 SRISK 法只考察了时间维度上金融系统性风险的传播。它们并没有考虑到空间层面上系统性风险的传播，也不能描述其传播的特征。Banulescu 和 Dumitrescu（2015）提出了边际期望损失（MES）方法，在 MES 基础上弥补了 $\Delta CoVaR$ 不具备可加性的不足，即对单个银行的 MES 值进行简单加总即可得到整个银行系统的风险大小。由于尾部度量法可以有效评估单个机构的危机对整个金融系统的影响，因此它通常被用作衡量单个机构对系统性风险的贡献的常用方法。

二是侧重于金融机构间的网络联系刻画系统性风险的网络分析法。网络分析法将金融机构视为网络中的节点，通过测度金融机构之间的风险相关性来构建网络模型。网络分析法关注风险的传染途径和效果，是研究银行系统"太关联而不能倒"问题的主要途径。根据建立的网络是否能够随时间变化分为"静态"和"动态"两种。"静态"网络分析方法通过网络的拓扑特征简单直观地量化个体在网络中的地位、关联性甚至是影响力，常常用于进行一些现实中复杂系统的研究，特别是金融市场的研究。如 Mantegna（1999）利用道琼斯工业平均价格指数（DJIA）的成分股及标准普尔 500（SP500）成分股构建股票网络。首先测算了各股票对数收益率序列间的同期相关系数，在此基础上将相关系数转化为距离矩阵，最后采用最邻近单一连接聚类算法生成最小成长树（MST），在此基础上研究了股票市场网络层级结构。欧阳红兵和刘晓东（2014）以金融机构同业拆借交易数据为基础，衡量不同类型机构之间的相关性，构建中国金融系统的平面极大过滤图，并指出使用网络结构指数评估金融机构的系统重要性具有稳健性和有效性。"动态"网络分析方法是利用仿真方法模拟网络中某个机构陷入危机时导致整个系统的损失情况。研究者一般采用 Furfine（2003）提出的序贯算法（Elin 和 Henrik，2004）或 Eisenberg 和 Noe（2001）提出的 EN 算法（黄聪和贾彦东，2010；Elsinger 等，2006）进行模拟仿真，并根据不同情境下的破产银行数量、系统资产损失比例、资本充足率不达标的机构比例以及系统崩溃时间等指标来评估机构的系统重要性。这种方法更符合系统性风险的定义，可以量化系统损失。相较于依赖市场公开数据的尾部度量法，网络分析法不再受限于金融市场的数据，也可以采用会计数据来刻画系统中银行间的关联。但在实践中，银行间实际双边风险敞口数据一般难以获取，因此，现有银行间网络的建立主要采用最大熵法，通过可观察到的单个银行的银行间资产和负债总额来评估银行之间的双边关联关系（Upper，2007），但数据获取困难的局限降低了该方法的实用性。

（4）系统性风险的监管。目前，国际监管机构和各国监管当局对系统性风险的监管仍然处在探索阶段。较为一致的看法是，系统性风险监管应该从跨行业维度和时间维度两个维度实施（BIS，2008），相对应的是"金融脆弱性"和"金融失衡"。跨行业维度方面，在金融机构相互关联、面临共同风险敞口的情况下，集中研究不同机构、不同市场之间的风险分布，为具有系统性和重要影响的金融机构制定更高的监管标准，提高监管水平等。时间维度方面，主要关注系统性风险如何随着时间的变化而演变，即金融体系的顺周期性问题（Borio，2003）。2010年，我国明确提出要构建"逆周期的金融宏观审慎管理制度框架"（周小川，2011）。

主要的系统性风险监管工具包括：第一，引入逆周期监管的政策工具。一方面，通过修订新资本协议、国际会计准则等，减少外部规则的顺周期性；另一方面，通过实行逆周期的资本、拨备、杠杆率等监管要求，在金融体系中设置"内在稳定器"，释放系统性风险。最近的研究表明，逆周期货币政策与前周期金融风险之间的冲突阻碍了同时达到价格稳定和金融稳定双重目标的实现（Borio，2014；Quint 和 Rabanal，2014）。同样地，Claessens 等（2013）提出当每个政策都有能力影响其他政策的最终目标时，货币政策和宏观审慎政策之间的相互作用就会产生。因此，协调实施货币和宏观审慎政策显然是必不可少的。第二，加强对具有规模较大、关联性较强和较为复杂的系统重要性金融机构的监管。如提高资本充足率要求、加强并表监管等。2009年底，国际货币基金组织、国际清算银行和金融稳定理事会根据 G20 峰会的要求，共同制定并发布了《系统重要性金融机构、市场和工具的评估指引》，提出从规模大小、替代性、关联性三个方面评估金融机构等的系统重要性。在此基础上，为应对系统性金融风险，《巴塞尔协议Ⅲ》和银保监会颁布的《系统重要性银行评估办法》均将复杂性纳入衡量银行系统重要性的指标体系，复杂性已成为影响监管部门风险防范的重要指标。Chen 等（2014）采用巴塞尔银行监管委员会提出的基于指标的方法来识别中国国内系统重要性银行（D - SIBs），发现主要银行的系统重要性正在下降，而一些银行变得更加系统重要性，需要严格的监管。第三，将金融监管范围扩大到所有主要金融市场、金融产品和金融机构。不仅要监管商业银行和投资银行等传统金融机构，还要监管对冲基金和影子银行等非传统金融机构；不仅要监控 CDS 等衍生品，还要监控场外市场、支付清算系统等。巴塞尔银行监管委员会、金融稳定理事会和英美等国监管机构都已经引入了加强系统监管的工具（BIS，2008；FSB，2009）。

1.2.2 银行复杂网络概述

20 世纪末，小世界网络理论（Watts 等，1998）与无标度网络理论（Barabasi 等，1999）一经提出，立即获得国内外学者的广泛关注与应用。因其贴合现实复杂系统的优势，复杂网络理论在经济研究领域逐步衍生出一系列分支。2008 年国际金融危机爆发以来，国际货币基金组织将复杂网络作为分析系统性风险最主要的标准模型之一（王鹏等，2020），复杂网络理论由此被广泛应用于金融体系的各个领域。

（1）基于单层网络的研究。中国银行业作为特许金融行业维持着经济社会的健康稳定运作，同时也直接或间接地面临多关联、广范围的风险敞口，因此逐渐有学者将复杂网络理论引入银行系统性风险的分析范式并形成银行复杂网络理论。现有银行业复杂网络的研究主要分为两大类，第一类是银行业单层网络的构建，第二类是银行业多层网络的构建。关于银行业单层网络的构建，学界主要沿四个方向进行拓展。一是通过银行资产负债表的双边借贷联系进行构建同业拆借网络，探讨信用风险对网络的冲击，侧重于利用银行交易策略和网络生成机制，借助模拟仿真形成银行业单层网络特征（龚晨等，2018）。国外学者对于同业拆借网络的探索较为丰富，Allen 等（2000）以银行业为例，重点分析银行持有同业债权行为构建的网络受到流动性冲击时如何引发金融风险蔓延。在此基础上，Upper 等（2004）进一步通过德国银行业资产负债数据构建银行业双边信贷关系网络，估算尾部风险对德国银行系统的冲击。国内早期学者马君潞等（2007）利用矩阵法构建中国银行间拆借网络，进而探究银行双边风险传染机制。该文较为完备地运用银行表内业务构建系统网络，受到国内学者的一致认可。李守伟等（2011）在此基础上进一步利用阈值法测试银行同业拆借网络的稳定性，认为国内市场对外部冲击有着较强的抵御能力。黄玮强等（2019）在引用最大熵模型的基础上引入最小密度约束方法间接推断生成银行同业拆借网络，发现加入最小密度法约束构建的网络相较于传统同业拆借网络风险传染能力更强、更具预警意义。需要指出的是，上述网络均为静态网络，与实际存在一定差异，范宏等（2020）通过动态资产负债表构建银行间动态内生拆借网络模型，试探究其内在演化规律，进一步丰富了现有研究。该研究因其运用仿真模拟的方式进行，对实际数据要求并不严格，且对银行间信用风险的把控较好，在国内外银行业复杂网络的构建中处于主流地位。二是通过银行间的支付系统渠道构建银行业网络模型，研究流动性风险传染路径。该种网络的建立以大量、实时结算系统数据为基础，对数据的实时性、连续性要求较为严格，因此国内外对于该层面的网络探讨较为有限。现有研究多以 Diamond 等（1983）提出的银行挤兑模型为基础，运用仿真模拟与实际数据结合的方式刻画网络结构特征。国内代表性的文章有黄聪（2010）等，该研究首次将中国银行业支付结算数据引入实证建模，证实该方式建立的网络相较于银行表内业务建立的拆借网络更具实际价值，具有里程碑的意义。后续研究如王鹏等（2020）在此基础上，采用随机动态模型与代数动力学方法，探讨系统性风险及其概率演化规律，论证了中国银行业网络易遭受尾部冲击的观点。三是通过上市银行股价波动关联进行网络的构建，侧重于评估银行在系统中的网络位置优势。Demirer M（2017）运用150家全球上市银行公开交易数据构建股价关联网络，测度全球银行业静态与动态网络连通性，进一步探究银行的跨国传染行为及其影响。近年来，国内对于该方面的探索较为成熟，蒋海等（2018）利用中国上市银行股票交易数据测度尾部风险传染网络，王子丰等（2018）运用中美上市银行股价交易数据，刻画中美银行间的风险传染途径。四是沿着银行或银行董事、股东的复杂网络进行拓展，重点分析银行主体在经营活动中，经济行为在网络中引发的风险传染。Johnson 等（2012）使用中欧银行员工的电子邮件往来构建信息网络，发现信息往来密切的银行之间风险传导路径更为相似。王海林等（2019）以中国僵尸企业为例，以银行业对僵尸企业的共同贷款行为为联系构建银行共同债券投资网络，发现共同贷款行为显著提高了银行业整体风险。同样地，隋聪等（2020）利用2012年至2014年中国银行间共同贷款数据分别构建银行业贷款网络与借款网络，研究发现，处于流动性需求地位的大型银行的潜在风险传染破坏力，远远高于同等规模和联系的银行。王超等（2019）从银行间持有的共同资产角度出发，构建间接关联网络，论证了通过投资市场关联建立的网络具有小世界、无标度的结构特征。

（2）基于多层网络的研究。可以看出，上述文献均从单层网络角度出发，对银行业单层复杂网络领域进行探索，为现有单层网络研究积累了丰富的文献基础。但需要指出的是，现有基于单层网络的研究忽略了银行实际经营过程中的关联是动态的、多样的、复杂的，用单层网络建模可能会导致联系的遗漏与缺失进而引发风险错估（Borboa，2015）。近年来，通过对复杂网络研究的延伸，学者们得出结论：基于单层联系的网络不能正确地表征和解释银行复杂系统（Aldasoro，2016）。因此，构建多层网络识别银行系统动态关联的做法逐步被学术界所认可。银行业多层网络的实证研究主要是结合实际数据，根据节点间多层次的联系进行组合进而建立起银行间多层网络，分析其拓扑特征。由于银行间多层网络数据难以获取和分析处理，目前国际上对银行间多层网络结构特征开展的实证研究相对较少，而国内在这方面的研究尚处于起步阶段，有待于进一步深入展开。目前现有研究主要有以下文章：Langfield等（2014）基于英国银行间同业市场的差异性构建了英国银行间市场多层网络模型，研究发现银行间风险暴露层网络呈现"核—边缘"结构，而融资层网络"核—边缘"结构较弱。Poledna（2015）通过构建墨西哥银行信用、衍生品、外汇和证券四个层面的金融契约收益率关联网络模型，刻画多层网络结构下系统性风险的传导机制，发现证券层网络对系统性风险溢出的贡献最为突出。Aldasoro（2016）引用欧洲大型银行之间的风险敞口数据集，按照期限结构与衍生品类型分解进而构建风险敞口多层网络,发现欧洲系统重要性银行网络呈现显著的鲁棒性与脆弱性。Na-maki(2019)应用伊朗资本市场中的银行收益、交易量和市值三个层次的数据构建多层网络,验证多层网络结构下的银行系统稳定性与连通性较单层网络更加稳健。截至目前,国外基于复杂性科学的单层网络分析较为多见,多层金融网络研究则刚刚起步,而国内该领域的研究更少,龚晨等(2018)通过梳理国内外银行网络学术领域的研究成果发现,中国多层金融网络研究处于起步阶段。国内代表性学者李守伟(2019)利用中国上市银行股票三种收益率数据,运用最小生成树方法过滤生成多层收益率关联网络,进一步分析银行业多层网络结构对系统性风险的影响,发现度中心性显著影响对系统的风险溢出,而中介中心性则无显著影响。在原有研究的基础上,李守伟(2020)将研究范围从单一银行业拓展至多种金融行业,建立起更为全面的金融业多层网络模型,重点分析收益层网络之间的关联性演化规律特征,进一步论证了多层网络研究范式的普遍适用性。王虎等(2020)基于 2012 年至 2017 年中国银行业同业拆借数据于持有共同资产数据构建多层网络,重点探讨系统性金融风险及其影响因素,发现风险敞口和行业资产规模是系统性金融风险的主要影响因素,且净资产能够显著降低系统性金融风险。这一系列文章填补了国内现有研究的空白,得到了学者们的一致认可。

随着网络科学的兴起,已有学者将复杂网络分析范式引用至系统性风险领域,探究银行复杂网络结构特征对系统性风险的影响。单层复杂网络学派对系统性风险的感知较为丰富全面,主要分为以下五个方面:第一,通过银行间资产负债构建同业拆借网络感知信用风险(Upper 等,2004;黄玮强等,2019;范宏等,2020);第二,通过银行支付结算体系构建实时结算网络,重点把控流动性风险(黄聪等,2010;王鹏等,2020);第三,通过上市银行股票价格表现构建股价关联网络,重点探究银行在网络中所处位置差异带来的风险异质性(Demirer M,2017;王子丰等,2018);第四,通过银行间经营业务关联构建经营层网络,感知银行经营层网络如何引发风险传染(王海林等,2019;王超等;2019,隋聪等,2020);第五,通过银行间决策层社会关系构建网络,感知决策层之间的社会联系如何影响风险传染（Johnson，2012）。多层网络学派通过对上述单层网络进行有逻辑的组合，进一步构建银行业多层网络，重点探究银行节点面临的综合性风险（Aldasoro，2016；Namaki，2019；李守伟等，2019；李守伟等，2020，王虎等，2020），但需要指出的是，基于多层网络视角分析银行业系统性风险的研究依旧处于起步阶段，国内相关研究更是少有，且关于银行多层网络影响系统性风险溢出的机制研究仍处于空白状态。

综上可知，现有学界对于银行业复杂网络理论有了一个较为丰富的探索，但当前相关的研究仍存在以下三个方面不足，有待进一步深入研究。

第一，当前对于银行多层网络理论研究，虽然已从各个角度展开，并开始形成研究范式，但是相对于丰富全面的银行单层网络研究，对银行多层网络研究则显得不充分。单层网络的研究忽略了银行节点之间联系的复杂性、多重性，导致对系统性风险影响的测度失真或扭曲。事实上，各银行节点在不同层次网络中扮演的角色存在显著差异，在系统性风险爆发时，风险可能存在跨层次的传染行为，具体传染路径取决于风险的爆发点及爆发程度，单层网络在该类问题的研究上有着天然的缺陷，不足以应对节点间联系越发复杂的现实银行系统。

第二，现有基于银行多层网络视角的研究过少，因此对银行多层网络的构建方式的探索较为简单，现有研究多通过股价收益相关性等间接方式刻画多层网络，对银行之间的真实联系重视不够，且股价关联性网络建立的依据是投资者对各节点基本面的共同感知，对于揭示系统性风险的传染机制仍然处于黑盒状态。要看到随着数据可得性的上升，捕捉银行间的实际联系已有其实现的技术基础，通过银行实际联系构建的多层网络更贴近现实复杂系统，研究更为全面具体、真实可信。

第三，当前基于多层网络理论对银行系统性风险影响的相关研究较少，国内更为罕见，并且深入探索银行业多层网络结构特征对系统性风险影响机制的相关研究基本处于空白阶段。这会使得系统性风险实际影响估计失真，无法制定具有科学性、针对性的银行风险监管与预警政策体制。由此,多层网络视角下银行业系统风险传染及其机制研究存在其深刻内涵与重要意义,为国内学者提供新的分析视角与研究方向。

1.3 研究内容与方法

1.3.1 研究内容

项目借鉴金融物理学中复杂金融系统这一概念,将我国银行业作为复杂网络系统,在系统分析我国银行竞争现状及特点的基础上,首先对银行业竞争是否影响以及如何影响系统性风险传染进行实证研究。其次,从银行业竞争的两个方面进一步分析银行业竞争影响系统性风险传染的内在机理:一是基于跨区经营情境研究地理复杂性对系统性风险传染的影响机制,包括同行竞争、委托代理、风险偏好三种机制,重点在于对传统的地理复杂性进行修正,并厘清以上三种机制间是并行中介还是链式中介,以及三种机制与银行业网络结构间的关系,对 Allen 和 Gale (2000)关于网络结构与风险传染关系是否适用于中国作出回答。二是基于银行多重属性关联,构建银行业多层网络,具体包括共同股东网络(决策层网络)、共同贷款网络与共同持股房地产企业网络(经营层网络),进一步实证检验我国银行业系统性风险是否存在单层网络内传染与多层网络间传染同时存在的情况(系统性风险的跨网络立体式传染),以及多层网络传染的并行中介机制。在建立银行业多重网络结构与系统性风险传染关系的基础上,项目进一步借鉴机器学习方法,对银行业多重网络结构的变化进行链路预测(传染预测),即通过已知的网络节点以及网络结构等信息预测网络中尚未产生连边的两个银行之间产生链接的可能性,在此基础上基于银行业多重网络结构与银行业股票崩盘间关系进行风险预警分析。三是项目就进一步完善我国银行业宏观审慎监管,预警、防范和化解系统性风险提出政策建议。

1.3.2 研究方法

项目采用定性分析与定量分析相结合、规范分析与实证分析相结合的方法。其中，定量方法主要采用复杂网络理论与方法、计量经济学模型与方法等。具体地，基于 Diebold 和 Yilmaz（2009；2014）框架构建的银行业系统性风险外溢网络，基于 CoVaR 的系统性风险测度，基于 QAP 模型的网络数据回归，基于多重网络理论的网络刻画与特征分析，基于面板数据模型及中介效应模型的实证研究等。

1.4　研究思路与框架

1.4.1　研究思路

项目遵循"提出问题—分析问题—解决问题"的基本逻辑。首先，在梳理现有文献及回顾我国银行业发展历程的基础上，基于跨区经营导致的复杂性与多重关联性阐释银行业竞争与系统性风险传染间的关系，形成"基于多层复杂网络的银行业系统性风险跨网络传染机制研究"这一科学问题。其次，对银行业竞争是否影响以及如何影响系统性风险传染进行实证研究，并从四个方面进一步分析银行业竞争影响系统性风险传染的内在机理：数字金融发展对银行竞争行为的影响；银行数字化转型通过影响银行业竞争进而影响系统性风险的机制；银行业竞争跨区经营导致的地理复杂性对系统性金融风险的影响；银行经营与决策的多重关联对系统性风险的影响；房地产市场的调整对银行业系统性风险的多重外溢渠道分析等。最后，就进一步完善我国银行业宏观审慎监管，预警、防范和化解系统性风险提出政策建议。

1.4.2　研究框架

本书由 8 章构成。

第 1 章为绪论，包括问题提出与研究意义、国内外研究现状、研究内容与方法、研究思路与框架、创新与不足。第 2 章为中国银行业竞争现状，包括规模竞争、产权竞争、区域竞争、银企关联等内容。第 3 章为网络视域下银行业竞争与系统性风险传染。本章借鉴复杂网络科学研究成果，基于银企信贷数据构建银行贷款网络（竞争网络与竞合网络）以测度银行业竞争，基于 DY 框架与 CoVaR 方法构建银行系统性风险外溢网络，在分析银行竞争网络与系统性风险外溢网络结构特征的基础上，利用二次指派程序（QAP）实证检验银行竞争对系统性风险的影响。第4 章为基于银企信贷关系演化分析数字金融发展对银行业竞争的影响。本章基于银企信贷关系演化视角，采用社会网络方法构建基于银企共同贷款的竞合网络和基于共同度模型的加权竞争网络测度银行业竞争，使用银行注册地及许可证信息对省域数字金融指数进行修正测度银行数字金融发展水平。在此基础上，采用二次指派程序（QAP）实证分析了数字金融发展与银行业竞争的关系。第 5 章为银行数字化转型是否会影响系统性风险。本章收集整理了 A 股上市商业银行 2013—2021 年的财务数据和年报数据，经筛选最终选取 31 家上市银行进行分析。通过文本分析和主成分分析等方法构建了商业银行数字化转型指标，并用 $\Delta CoVaR$ 作为银行系统性风险的代理变量。从竞争的角度，系统地分析了商业银行数字化转型对系统性风险的影响。第 6 章为跨区经营视角下地理复杂性对系统性风险影响的实证研究。本章基于距离修正后的 CG 方法（Cetorelli 和 Goldberg，2014）测算各银行的地理复杂性，就地理复杂性对银行系统性风险的影响进行了实证研究，并进一步从同行效应（Peer Effect）、委托代理摩擦（Principle – Agent）与风险承担偏好（Risk – Taking）三个方面实证检验了地理复杂性对系统性风险的影响机制。第 7 章为多层网络视角下银行业网络结构与系统性风险关系研究。本章构建动态决策层网络（基于共同股东形成的共同股东网络）与动态经营层网络（基于共同贷款形成的债权网络与基于共同持股房地产公司形成的股权网络），在多层网络特征及系统性风险的基础上，实证检验了银行系统性风险传染的多层复杂网络特征及作用机制。第 8 章为基于多层复杂网络的银行业系统性风险防范对策。

第 2 章 我国银行业竞争与银企关联现状

2.1 我国银行业竞争现状分析

银行业作为金融市场的核心组成部分，其竞争发展对我国的经济增长起着非常重要的作用。本章从多个角度对我国银行业竞争现状进行分析。

2.1.1 规模竞争

首先，我国银行业的规模正在日益扩大。截至 2019 年末，银行业金融机构的资产总量为 2900025 亿元，相较于 2008 年增长 359.22%；负债总量为 2655363 亿元，相较于 2008 年增长 320.48%。2008—2019 年银行业金融机构资产总额和负债总额情况见表 2－1。由表 2－1 可知，银行业金融机构资产总额和负债总额呈逐年上升的趋势。

表 2－1　　　**2008—2019 年银行业金融机构总资产和总负债**　　　单位：亿元

年份	总资产	总负债
2008	631515	593614
2009	795146	750706
2010	953053	894731
2011	1132873	1060779
2012	1336224	1249515
2013	1513547	1411830
2014	1723355	1600222
2015	1993454	1841401

续表

年份	总资产	总负债
2016	2322532	2148228
2017	2524040	2328704
2018	2682401	2465777
2019	2900025	2655363

数据来源：中国银保监会网站。

与此同时，随着利率市场化改革的不断推进，商业银行类型和数量不断增加。截至 2019 年末，我国银行业金融机构法人机构总数为 4595 家，其中，国有商业银行 6 家①，政策性银行 3 家，股份制商业银行 12 家，城市商业银行 134 家，民营银行 18 家，外资金融机构 41 家。

随着利率市场化改革的不断推进，银行业的规模竞争程度也在不断上升。具体而言，体现在国有商业银行市场势力的不断降低。2008—2019 年国有商业银行市场份额情况如表 2 - 2 所示。由表 2 - 2 可知，2008—2019 年，国有商业银行在银行业市场中所占的份额正在逐年下降，银行业竞争水平正在逐年提高。

表 2 - 2　　　　　2008—2019 年国有商业银行市场份额情况　　　单位：%

年份	国有商业银行市场份额
2008	51.0
2009	50.9
2010	49.2
2011	47.3
2012	44.9
2013	43.3
2014	41.2
2015	39.2
2016	37.3
2017	36.8
2018	36.7
2019	39.1

数据来源：中国银保监会网站。

---

①　自 2019 年起，邮政储蓄银行纳入"国有商业银行"汇总口径。国有商业银行包括中国工商银行、中国农业银行、中国银行、中国建设银行、交通银行和中国邮政储蓄银行。

虽然国有商业银行的资产在银行业金融机构中所占的比例正在逐年下降，但是国有商业银行依旧是资产规模最大的机构。2019 年银行业金融机构市场份额（按资产）如图 2 - 1 所示。由图 2 - 1 可知，截至 2019 年末，按照资产规模对银行业市场进行划分，国有商业银行所占的比例为 39.1%，股份制商业银行所占的比例为 18.0%，城市商业银行所占的比例为 13.2%，农村金融机构所占的比例为 13.2%，其他金融机构所占的比例为 16.5%。国有商业银行的市场份额依旧排在第一位。这说明虽然我国银行业竞争水平正在逐年提高，但是现阶段我国银行业竞争水平仍处于较低状态，我国仍需要进一步推进利率市场化改革，扩大对外开放。

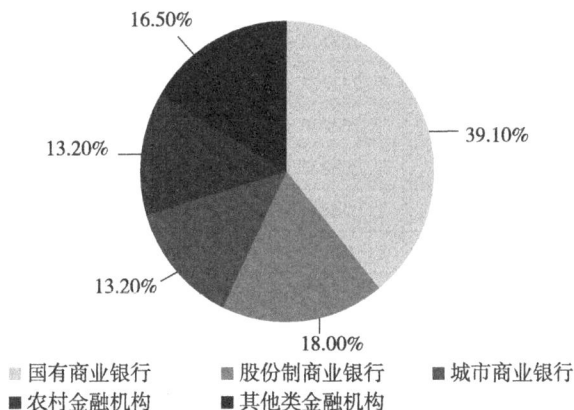

图 2 - 1　2019 年银行业金融机构市场份额（按资产）

2.1.2　产权竞争

（1）城市商业银行迅速发展。截至 2019 年末，我国共有 134 家城市商业银行，其资产总量已经达到 37.3 万亿元，与年初相比增长 8.5%；各项贷款余额为 17.6 万亿元，与年初相比增长 18.4%；负债总量为 34.5 万亿元，与年初相比增长 8.4%；利润净额为 2509 亿元，与年初相比增长 2%[①]。2008—2019 年城市商业银行经营情况如表 2 - 3 所示。

---

① 数据来源：《城市商业银行发展报告（2020）》。

表2-3列出了城商行资产总额、负债总额、所有者权益和税后利润这四项基本信息，能够较为合理地反映城市商业银行的经营状况。由表2-3可知，2008—2019年，城市商业银行总体资产增速保持平稳。

表2-3　　　　　2008—2019年城市商业银行经营情况　　　单位：亿元

年份	资产总额	负债总额	所有者权益	税后利润
2008	41320.00	38651.00	2669.00	407.90
2009	56800.00	53213.00	3587.00	496.50
2010	78526.00	73703.00	4822.00	769.80
2011	99845.00	93203.00	6641.00	1080.90
2012	123469.00	115395.00	8075.00	1367.60
2013	151778.00	141804.00	9974.00	1641.40
2014	180842.00	168372.00	12470.00	1859.50
2015	226802.00	211321.00	15481.00	1993.60
2016	282378.00	264040.00	18338.00	2244.50
2017	317217.00	295342.00	21875.00	2473.50
2018	343459.00	318254.00	25205.00	2460.80
2019	372750.00	344974.00	27775.00	2509.40

数据来源：中国银保监会网站。

（2）民营银行得到初步发展。2014年，中国银行业监督管理委员会（2018年更名为中国银行保险监督管理委员会）允许符合规定的民间资本依据法律规定设立中小型银行以及其他类型的金融机构，并确定了第一批民营银行的试点名单，这为民营银行的成立开辟了道路。民营银行将民间资本引入其中，并由民间资本控股，为民营企业提供资金。截至2019年末，民营银行法人机构数为18家，资产总量为9137.6亿元，比上年增长43.4%；负债总额为8411.9亿元，比上年增长45.3%；各项贷款余额为4836.7亿元，比上年增长56.6%；利润净额为81.5亿元，比上年增长83.1%[①]。由此可以发现，目前我国民营银行正处于初步发展阶段。表2-4列出了2019年我国18家民营银行的基本情况。

----

①　数据来源：《城市商业银行发展报告（2020）》。

表 2－4　　　　　　　　　2019 年我国 18 家民营银行基本情况

银行	定位	第一大股东（持股比例）
深圳前海微众银行	互联网银行	腾讯（30%）
温州民商银行	助力小微，服务"三农"，扎根社区	正泰集团（29%）
天津金城银行	公存公贷	华北集团（20%）
浙江网商银行	互联网银行	蚂蚁金服（30%）
上海华瑞银行	智慧银行	均瑶集团（30%）
重庆富民银行	服务小微的普惠银行	瀚华金控（30%）
四川新网银行	互联网银行	新希望集团（30%）
湖南三湘银行	产业链金融	三一集团（30%）
安徽新安银行	区域金融体系的补充者	南翔集团（30%）
福建华通银行	科技金融	永辉超市（22%）
武汉众邦银行	交易服务银行	卓尔控股（30%）
北京中关村银行	服务科创	用友网络（29.8%）
江苏苏宁银行	科技驱动的 O2O 银行	苏宁云商（30%）
威海蓝海银行	深耕蓝海，特存特贷	威高集团（30%）
辽宁振兴银行	通存实贷	荣盛中天（30%）
吉林亿联银行	智能网络银行	中发金控（30%）
梅州客商银行	通存小贷，服务"三农"两小	宝新能源（30%）
江西裕民银行	科技银行	正邦集团（30%）

数据来源：笔者手工整理。

　　（3）外资银行在华发展缓慢。自我国积极推进银行业对外开放以来，虽然外资银行在华发展范围逐步扩大，但是其发展仍比较缓慢。具体表现在：首先，外资银行在银行业市场中所占的比例相对较小。2008—2019 年在华外资银行营业机构资产情况如表 2－5 所示。由表 2－5 可知，在 2008—2019 年，外资银行的资产数量呈增长趋势，但是外资银行的资产在银行业中所占的比例却逐年下降。截至 2019 年末，外资银行的市场份额为 1.2%，相较于 2008 年的 2.2%，外资银行的市场份额萎缩了近 50%。其次，外资银行盈利水平也相对较低。表 2－6 列出了2008—2019 年的外资银行经营状况。由表 2－6 可知，截至 2019 年末，外资银行的资产利润率仅为 0.63%。以上充分说明外资银行在华发展缓慢。究其原因，可能是由于 2008 年的国际金融危机对一些欧美外资银行的财务状况造成冲击，使其不得不进行战略调整，减少对中资银行的投资。

表 2-5　　　　2008—2019 年在华外资银行营业机构资产情况　单位：亿元、%

年份	资产	占银行业总资产比例
2008	13448	2.2
2009	13492	1.7
2010	17423	1.9
2011	21535	1.9
2012	23804	1.8
2013	25577	1.7
2014	27921	1.6
2015	26820	1.4
2016	29286	1.3
2017	32438	1.3
2018	33452	1.3
2019	34833	1.2

数据来源：中国银保监会网站。

表 2-6　　　　　　2008—2019 年外资银行经营情况　　　　单位：亿元

年份	资产总额	负债总额	所有者权益	税后利润
2008	13448.00	12028.00	1420.00	119.20
2009	13492.00	11818.00	1674.00	64.50
2010	17423.00	15569.00	1854.00	77.80
2011	21535.00	19431.00	2104.00	167.30
2012	23804.00	21249.00	2555.00	163.40
2013	25628.00	22896.00	2732.00	140.30
2014	27921.00	24832.00	3089.00	197.20
2015	26808.00	23298.00	3511.00	152.90
2016	29286.00	25566.00	3720.00	128.00
2017	32438.00	28603.00	3835.00	146.60
2018	33452.00	29315.00	4137.00	248.20
2019	34833.00	30440.00	4392.00	216.10

数据来源：中国银保监会网站。

（4）国有商业银行仍以国有股份为主体。近年来，在经历改制发展、股改上市之后，国有商业银行的股权结构相对多元化，但是仍存在着许多不合理的地方。2019 年国有商业银行股权结构情况见表 2 - 7。由表 2 - 7 可以看出，除建设银行和交通银行由国有股份和外资股份共同控股外，其余四家国有商业银行的国有股份所占比例都已达到 60% 以上，其中农业银行的国有股份所占比例最高，已经达到 83.65%，由汇金公司和财政部两大机构直接控股。与此同时，从前十大股东持股所占的比例来看，这六家国有商业银行的前十大股东持股比例均较高，特别是中国银行，前十大股东持有高达 96.82% 的股份。这表明目前国有商业银行仍以国有股份为主体，并且存在股权集中度过高的问题，混合所有制改革效果并不明显。

表 2 - 7　　　　　　　2019 年国有商业银行股权结构情况

银行	前十大股东占比（%）	国有股占比（%）	外资股占比（%）	其他（%）	前三大股东
中国银行	96.82	67.91	28.32	0.59	汇金公司、香港中央结算（代理人）有限公司、中国证券金融股份有限公司
工商银行	96.46	70.67	24.55	1.24	汇金公司、财政部、香港中央结算（代理人）有限公司
农业银行	94.24	83.65	9.13	1.46	汇金公司、财政部、香港中央结算（代理人）有限公司
交通银行	76.64	37.78	38.86	0	财政部、香港中央结算（代理人）有限公司、香港上海汇丰银行有限公司
邮政储蓄银行	95.34	70.13	23.02	2.19	中国邮政集团有限公司、香港中央结算（代理人）有限公司、中国人寿保险股份有限公司

综上所述，现阶段我国银行业竞争具有以下特点：随着利率市场化改革的不断深入，我国银行业得以蓬勃发展，银行业规模日益扩大的同时结构也在逐步优化，但是现阶段国有商业银行的市场势力仍较大，我国仍需采取措施以改善国有商业银行市场势力过大的局面，提高银行业

竞争水平。考虑到民营银行和外资银行的发展现状，我国应大力鼓励民间资本和外资资本进入银行业，加快民营银行和外资银行的发展，逐步形成覆盖范围广且差异性明显的多层次银行业格局。与此同时，我国仍需要进一步推进国有商业银行的混合所有制改革，实现国有资本和非国有资本的有效整合，使国有商业银行真正发展成为混合所有制企业，从而有效提高整体银行业效率。

2.1.3 区域竞争

在对我国整体银行业进行规模竞争和产权竞争分析的基础上，本章进一步分析我国各省市间银行业竞争的差异程度。通过前文对现有文献的梳理可以发现，学者们使用不同的指标对我国银行业竞争状况进行了研究。学者们根据自己研究的特点，选择合适的方法测度银行业竞争。由于本章需要测度各个省市的银行业竞争度，考虑到数据的可获得性，本章将银行业竞争度定义为

$$1 - 国有商业银行营业网点机构数 /$$
$$该省市金融机构营业网点机构总数$$

该变量的取值范围在 0～1 之间，数值越大，表明该省市国有商业银行的市场力量越小，银行业的竞争水平越高。

本章所用的银行业数据来自中国人民银行发布的《中国区域金融运行报告》，全部由笔者手工整理获得。样本区间为 2008—2019 年。其中有些省市的数据在个别年份存在缺失，本章使用插值法对其进行了填充。

为了考察 2008—2019 年我国银行业竞争的省际区域差异程度，本章计算了 2008—2019 年各省市银行业竞争度的平均值（见图 2 - 2)[①]。由图 2 - 2 可知，不同省市的银行业竞争状况存在较大的差异，沿海区域的银行业竞争水平比内陆区域的银行业竞争水平要高，而西部地区，例如西藏、青海等地，其银行业竞争水平相对较低。

为了更加直观地展现各省市银行业竞争程度在 2008—2019 年的变化

---

① 图中各省市的名称用其拼音首字母大写来表示。为有效区分山西和陕西，本章用 SX1 表示山西，SX2 表示陕西。

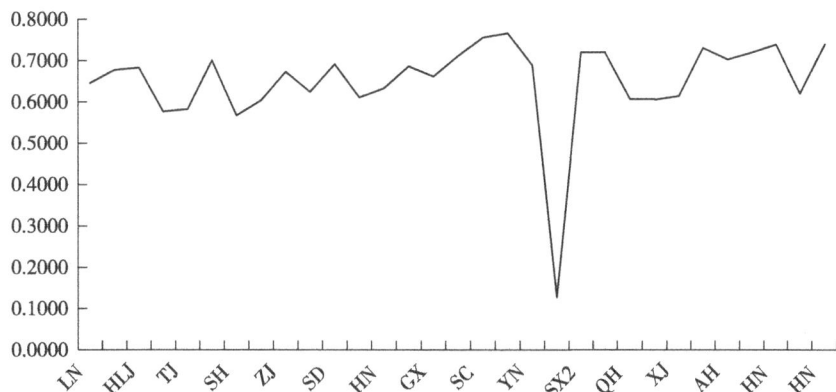

图 2 - 2　2008—2019 年各省市银行业竞争度平均值

情况,本章通过计算各省市 2008—2019 年的银行业竞争度的累计标准差,绘制了图 2 - 3。由图 2 - 3 可知,2008—2019 年,各省市银行业竞争度的累计标准差逐年增长,这表明各省市的银行业竞争程度波动很大,并且竞争日益加剧。

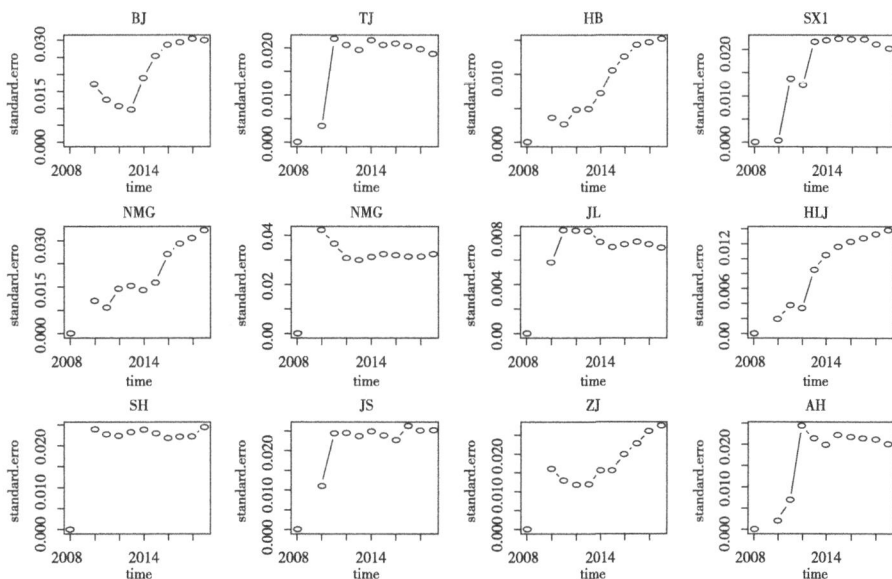

图 2 - 3　2008—2019 年各省市银行业竞争度累计标准差走势

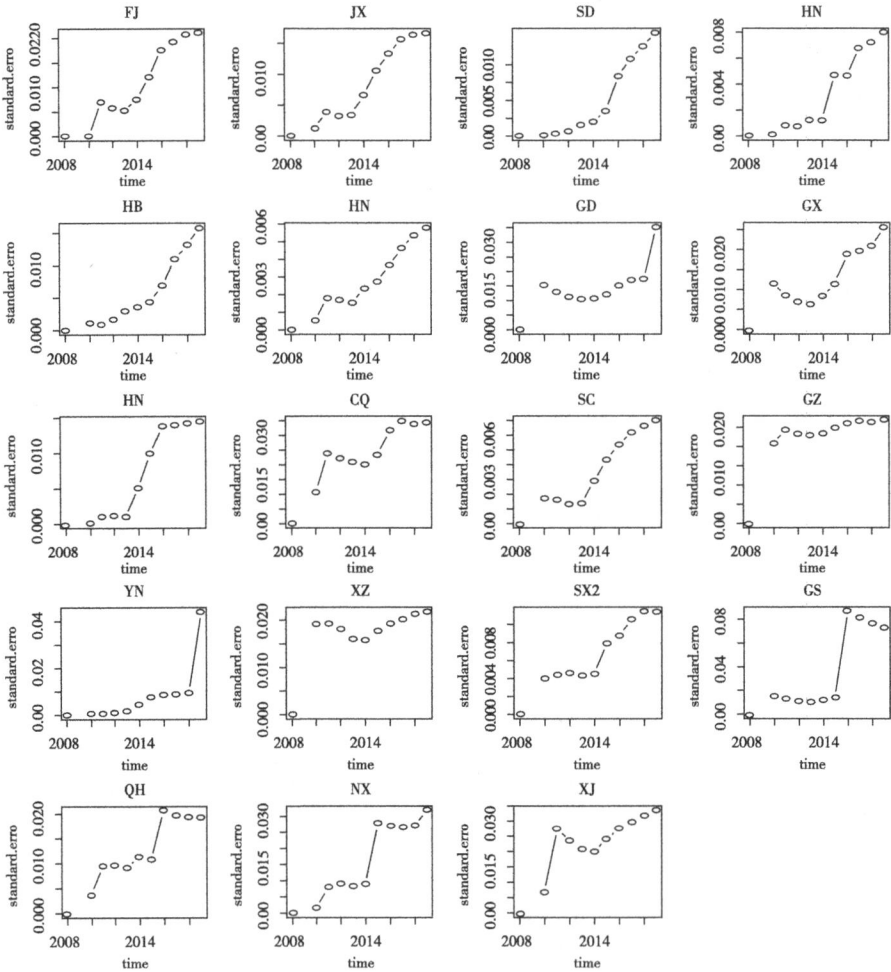

图 2 - 3　2008—2019 年各省市银行业竞争度累计标准差走势（续）

2.2　我国银企关联现状分析

本章进一步分析我国银企关联的现状。笔者手工统计了样本公司的银企关联程度，分别采用企业持股银行、银行持股企业以及短期借款和长期借款的和与总负债的比值这三个变量来衡量。其中，企业持股银行为虚拟变量：若企业对银行进行了股权投资，则认为企业持股了银行，该变量取值为 1，否则该变量取值为 0。银行持股企业为虚拟变量：若企业的前十大股东中存在银行，则认为银行持股了企业，该变量取值为 1，否则该变量取值为 0。企业持股银行与银行持股企业这两个变量反映了银企之间的股权关系。而短期借款和长期借款之和与总负债的比值反映了银企之间的债务关系，并且该变量取值越高，说明公司的银企关联程度越高。基于股权关系的样本公司银企关联基本情况如表 2 - 8 所示。

表 2 - 8　　　　　　基于股权关系的样本公司银企关联基本情况

年份	观测值	持股银行的企业所占比重	被银行持股的企业所占比重
2008	93	0.2151	0.4086
2009	93	0.2366	0.4839
2010	93	0.2688	0.6022
2011	93	0.2903	0.6667
2012	93	0.3226	0.6667
2013	93	0.3118	0.5161
2014	93	0.3226	0.7312
2015	93	0.0645	0.7957
2016	93	0.0860	0.8495
2017	93	0.0538	0.6129
2018	93	0.0538	0.6022
2019	93	0.0538	0.5484

由表 2 - 8 可知，在 2019 年，样本公司中大约有 5.38% 的企业持股银行，并且持股银行的企业所占的比例在 2008—2014 年逐年上升，在 2014 年达到顶点，为 32.26%；2015—2019 年，该比例开始逐年下降。与此同时，在 2019 年，样本公司中大约有 54.84% 的企业被银行所持股，并且被银行所持股的企业所占的比例在 2008—2016 年逐年上升，在 2016 年达到顶点，为 84.95%；2017—2019 年，银企关联程度开始逐年下降。相比较于企业持股银行，银行持股企业比例更高。

基于股权关系的样本公司银企关联基本情况如表 2 - 9 所示。

表 2-9　　　　基于债务关系的样本公司银企关联基本情况

分样本	观测值	均值	最大值	最小值
东部地区企业	612	0.3953	0.8085	0.0179
西部地区企业	252	0.3904	0.8085	0.0179
中部地区企业	228	0.4447	0.8085	0.0571
东北地区企业	24	0.2937	0.6451	0.0337
国有企业	612	0.3640	0.8085	0.0179
非国有企业	504	0.4484	0.8085	0.0641
交通运输、仓储和邮政业	12	0.4966	0.7992	0.2516
信息传输、软件与信息技术服务业	24	0.4736	0.7415	0.2930
制造业	876	0.4098	0.8085	0.0179
建筑业	108	0.2938	0.7638	0.0179
批发和零售业	12	0.6634	0.8085	0.5172
水利、环境与公共设施管理业	12	0.3746	0.6925	0.0767
电力、热力、燃力及水生产和供应业	24	0.4187	0.6848	0.2044
科学研究和技术服务业	12	0.5987	0.8085	0.2951
综合	12	0.5301	0.8085	0.3311
采矿业	24	0.1978	0.3324	0.0598

由表 2-9 可知，中部地区企业、非国有企业以及批发和零售业与科学研究和技术服务业的银企关联程度较高。

第3章 网络视域下银行业竞争与系统性风险传染研究

3.1 引言

防范和化解系统性金融风险是构建高质量、新发展格局的重要内容与保障。在以银行为主导的金融体系中，银行业竞争对系统性风险的影响成为学者们关注的重要课题。围绕该课题，"竞争—脆弱"假说与"竞争—稳健"假说之间的争论历久弥新，并未达成一致。一个重要的原因在于，现有研究多基于银行规模、市场势力测度银行业的竞争结构（如勒纳指数、赫芬达尔指数、行业集中度等），而这类测度忽略的一个重要事实是：银行与银行、银行与企业、企业与企业之间的动态互动关系（竞争与竞合关系）。以信贷市场为例，一家企业的信贷资金可来自多家银行，一家银行也可以向多家企业授信，从而形成了一家银行面对多家企业，一家企业面对多家银行的竞合格局，进而形成多银行与多企业间的互联互通，构成银企网络系统。那么，在考虑银行与银行、企业与企业、银行与企业间动态互动关系的条件下，银行竞争如何影响系统性风险？这一问题的研究不仅能够进一步澄清"竞争—脆弱"假说与"竞争—稳健"假说之间的争论，为该争论提供新的研究证据，更能够从微观层面揭示银行竞争影响系统性风险的作用机制，从而能够为银行业改革助力实体经济发展，构建新发展格局提供重要的决策支撑。

为实现以上研究目的，本章借鉴复杂网络科学研究成果，基于银企信贷数据构建银行贷款网络（竞争网络与竞合网络）以测度银行业竞争，基于 DY 框架与 CoVaR 方法构建银行系统性风险外溢网络，在分析银行竞争网络与系统性风险外溢网络结构特征的基础上，利用二次指派程序（QAP）实证检验银行竞争对系统性风险的影响。研究结果表明：银行业竞争是系统性风险传染的重要驱动因子，进一步支持了"竞争—脆弱"假说；随着银行竞争的加剧，银行业系统性风险传染网络的连通性趋于上升，网络传染性更强，金融系统脆弱性上升；银行业竞争加剧金融系统脆弱的重要原因在于，利率市场化使得银行业经营同质性增强而差异性下降，中小银行具有了扩表能力与动力，其向企业的贷款权重逐渐向大银行趋近，连通性与传染性也急剧上升，银行系统逐渐由"太大而不能倒"向"太连通而不能倒"转变。与现有研究相比，本章的边际贡献在于：首先，从复杂网络的研究视角出发，利用网络研究作为本章研究的支撑，探究银行间的竞争关系以及风险传染关系；其次，在构建银行业竞争网络以及竞合网络的基础上，使用 QAP 对二者间效应进行分析；最后，对竞争网络及风险溢出网络进行可视化演变分析，以此来探究银行间的结构特征，从而促进银行业间的有效竞争，有效地防范系统性风险传染，促进银行业的合理高效运营。

本章结构安排如下：第二部分为文献综述；第三部分为模型与方法；第四部分为银行竞争网络、系统性风险外溢网络的构建与特征分析；第五部分为实证研究；第六部分为小结。

3.2　文献综述

3.2.1　系统性风险与网络应用

由于金融系统的脆弱性和复杂性，系统性风险备受关注。自 2008 年国际金融危机爆发后，许多学者开始重视其测度与预警，出现了越来越多的技术手段和方法。目前学术界测度系统性风险的方法主要分为间接测度和直接测度两种。从间接测度方法来看，在国际金融危机以前，研究该类问题的文献大多采用在险价值（VAR）模型测度金融机构的系统风险（M Billio 等，1998；M Franfois Longin，2000），但最初的 VAR 方法只关注了单一金融机构的风险，难以反映出整体的风险水平（Tobias Adrian 和 Markus K. Brunnermeier，2016）。此后 Tobias Adrian 和 Markus K. Brunnermeier 首次提出了条件风险价值（CoVaR）的测度方法，来解决 VAR 模型无法捕捉系统中风险溢出效应的缺陷（侯县平等，2020）。此后又对 *CoVaR* 模型进行了修正，提出了 *ΔCoVaR* 模型，该模型能够捕捉整个金融体系与特定机构之间的尾部依赖性，因此得到了国内外学术界的广泛认可也成为研究该问题的一大主流方法。（SJH Shahzad 等，2018；Q Ji 等，2018；夏越，2018；吴成颂等，2019）等。但是，由于该方法只考虑了收益率分布的均值特征和方差水平，因此存在对系统性风险低估的可能性（Benoit S，Colliard 和 J，Hurlin C，2017）。除了 *ΔCoVaR* 的方法，多元 Garch 模型、MES、Srisk、shapley、copula 方法等基于 *CoVaR* 模型的衍生方法应运而生：其中，基于 *CoVaR* 模型 Giulio Girardi（2013）率先提出了多元 garch 模型，Acharya（2010）等相继利用该方法对风险进行测度，例如后来提出的 CCC – GARCH、BEKK – GARCH、DCC – GARCH 模型等；张琳等（2020）、J Idier 等（2014）等利用 MES 方法估计了银行业系统性风险；符林等（2020）利用 Srisk 指数方法对银行系统性风险进行测度；Z Cao – Banq（2013）等基于 CoVaR 以 shapley 值的合作博弈模式对金融机构风险贡献权重进行计算；JC Reboredo（2015）、Ji，Q 等（2018）等采用了更侧重于刻画变量间非线性关系的 Copula 模型。综合来看，CoVaR 方法以及其衍生方法虽然弥补了 VAR 模型的部分缺陷，但是，该类型方法更适合于测量金融机构或金融部门在危机时期所表现出来的风险外溢性，而对于正常时期的风险溢出测量可能出现误差（王周伟等，2014）。此外，一部分学者更倾向于采用更直接的方法进行风险敞口测度，即基于银行或金融机构财务报表的数据或者敞口数据来得到的系统性风险，如张志刚等（2019）以上市银行的资产头寸的相关性来表示系统性风险，并对其进行测度。虽然这样的测度方法更直接，但可能会过度依赖财务披露质量，同时也在一定程度上存在主观因素。

系统性风险测度、预警技术的进步和经济全球化的加深，使得部分学者开始意识到网络在金融及金融风险领域应用的重要性。探究网络本身的内部结构不仅能够有效地提高对金融风险的理解，同时对于经济金融甚至生态系统的生存起着至关重要的作用（Kate Burleson – Lesser 等，2020；Allen 和 Babus，2012）。因此，金融网络分析范式应运而生。自Allen 和 Gale（2000）首次提出金融网络的理论后，其在学术界的应用越发广泛。关于建立金融网络的方法分为直接网络和间接网络两种。在现有研究中，直接网络主要是通过国家支付系统实时交易数据来构建金融机构或银行间网络（Serafin Martinez – Jaramillo 等），以及通过金融机构及其分支机构的地理位置，构建引力网络（Chu，Yongqiang 和 Deng，Saiying，2019；肖燕飞，2019；袁野等，2018）。

由于数据的局限性以及数据失真的可能性，使得大多数学者选择采用间接的方式构建网络。其中，部分学者采用了模拟仿真的方法构建金融或风险网络，如邱璐（2020）利用最大信息熵准则进行模拟演化来构建网络，王睿（2019）等利用最小交叉熵方法构造了银行间同业拆借关系网络，并模拟仿真了风险传染过程。然而该类模拟仿真的方法虽然能够降低对原始数据的要求，但往往可能会使得风险传染程度被低估（贾凯威等，2019）。

目前，由于基于金融机构的股价波动率构建金融网络的主流方法更理想且易于理解，模型更直观简洁，因此受到了越来越多的学者青睐，如根据波动率进行格兰杰因果检验来建立网络（Billio 等，2000；李政等，2020）。除此之外，Francis X. Dieboda 和 Kamil Yilma（2011；2014）首次提出了全新的广义误差方差分解模型，构建风险溢出矩阵，该模型方法既避免了普通广义预测误差方差分解的变量排序问题，同时更易于计算，因而，近年来部分学者开始关注基于 DY 框架下的网络模型。例如，文风（2018）通过对上市银行波动率进行方差分解，利用方差分解矩阵建立风险网络。鉴于此，本章采用该方法对系统性风险进行测度。

3.2.2　竞争及竞争网络

网络不仅是风险研究的重要方法，同时也是衡量竞争结构的有效手段（Masi 和 Gallegati，2007）。当前对于银行业竞争的刻画方法主要分为结构化方法与非结构化方法两种方法。其中，结构化方法对银行业整体机构关系进行测度，其主要包括赫芬达尔指数（HHI），市场集中度（CRn）、布恩模型等，但是该方法只考虑了规模、数量等外在因素，而忽略了竞争的量化程度。此后不少学者开始研究并应用非结构化的方法，主要有勒纳指数、H 统计量值法。例如，基于 H 统计量法下的 Panzar‐Rose 模型（Bikker 等，2012；Molnar 等，2013；Shaffer 和 Spierdijk，2015，2017）。该类方法虽然弥补了结构化方法的部分不足，但对于数据或变量的缺失较为敏感（Bijoy Rakshit 等，2020），导致测度结果并不稳健。而勒纳指数相较于该方法可以更好地度量出个体竞争实力的年度水平（Carbo 等，2009），因此成为此后更为普遍的测度方法。值得注意的是，在 A. lerner（1937）提出勒纳指数的方法衡量竞争结构后，虽然该模型被广泛用来计算企业的竞争力，但其取值问题也受到了许多质疑（林峰，2013），如 Klette（2011）等测得勒纳指数为负值，但尚未有研究证明勒纳指数可以取绝对值。总体来看，以上方法皆是基于结构—行为—绩效理论（SCP）得出的竞争指标，无论是从数据还是从结果来看，其测量角度过于单一、对于竞争关系的结构刻画并不直观；同时，该范式只能反映出某一时期既有行业结构下行为和绩效的特定关系，但不能说明形成的原因以及未来的发展趋势。因此，使得部分学者开始通过构建复杂网络来刻画竞争关系，Masi 和 Gallegati（2007）首次利用银企关系构建竞争网络后，引起了国内学者的重视（刘洪生等，2009；龚柳元等，2012；祝昕昀等，2013；陆军等，2017）。即通过银行间的借贷关系网络，来刻画银行与银行间竞争关系，该方法不仅可以更好地反映出银行节点的关系结构，同时边的权重也能够表明网络关系下的竞争程度。

3.2.3 竞争与系统性风险的关系

在日渐复杂的多主体多层次金融系统中，引发系统性风险的因素也越来越多。除了国家政策、宏观环境等外部因素，金融机构本身的发展状况，如内部竞争结构等，也成为可能引发该风险的原因之一。关于金融业竞争与稳定的关系，已有广泛的理论和实证文献对其进行探索，但仍未有定论。最早可以追溯到 Keeley（1990），该学者发现银行资产流动引起的竞争的加剧会导致金融系统的脆弱性。对于此竞争脆弱假说，慈雯惠（2020）、王淑云（2016）、李双建（2020）也从不同角度研究得到了相同的观点。然而 Boyd 和 De Nicoló（2005）却提出了相反的观点，认为竞争可以降低风险。他们表明，由于竞争加剧而产生的低贷款利率降低了借贷成本，并导致企业活动和投资的增加，贷款违约率的降低使得整体风险得到了降低。对于该竞争稳定假说，张庆君和马红亮（2018）等通过相关研究也证实了该观点。另外，也有第三种声音认为竞争脆弱成 U 形关系，即当竞争加深到一定程度时会导致银行业风险的上升（Martinez 和 Repullo，2010；高玮，2012）。可见，竞争与风险问题仍然是有待进一步研究的问题。从二者关系的研究方法来看，在现有文献中，大多数对于相关内容的研究主要集中于面板回归的检验和估计（张志刚等，2019），或者加入中介效应模型来进行阐述关系的传导过程（夏越，2018；符林等，2020；吴成颂等，2019），又或者通过格兰杰因果检验的方式去证明（慈雯惠，2020）。未有学者从网络结构的角度去探究二者内在结构所引发的内在关系，这种方法不仅能够探究网络与网络间的关系，而且能够避免变量间的多重共线性问题。

鉴于此，本章首先从复杂网络的研究视角出发，利用网络研究作为本章的研究支撑，来探究银行间的竞争关系，以及风险传染关系；其次，在构建银行业竞争网络以及竞争网络的基础上，使用二次指派程序（QAP）对二者间效应进行分析；最后，对竞争网络及风险溢出网络进行可视化演变分析，以此来探究银行间的结构特征，从而促进银行业间的有效竞争，有效地防范系统性风险传染，促进银行业的合理高效运营。

3.3　模型与方法

3.3.1　基于 DY 框架的系统风险溢出模型

方差分解方法是指将某一变量的预测均方误差值，分解成各个变量的随机冲击所做的贡献值，从而计算各个变量的随机冲击贡献值与总的冲击贡献值形成的比率。通过该方法，可以得到某一变量受其他变量冲击的程度，以及自身运动所带来的冲击程度。由于乔利斯基所提出的建立在正交化基础上所进行的普通广义预测方差分解，会受到变量之间的排序影响，因此本章为了避免该种情况，采用了 Diebold 和 Yílmaz 提出的 DY 模型，并结合 Pesaran 和 Shin（1998）所提出的广义方差分解框架，对 VAR 模型扰动项进行方差分解，并将方差分解后得到的系统性风险溢出网络设为 $SRNet_{ij}$。

首先，建立 p 阶的向量自回归（VAR）模型：

$$V_t = \sum_{i=1}^{p} \Phi_i V_{t-i} + \varepsilon_t, \varepsilon_t \sim N(0, \textstyle\sum) \tag{3-1}$$

其移动平均表达式为

$$V_t = \sum_{i=1}^{\infty} A_i \varepsilon_{t-i} \tag{3-2}$$

其中，A^i 为 N×N 的系数矩阵，模型如下：

$$A_i = \Phi_1 A_{i-1} + \Phi_2 A_{i-2} + \cdots + \Phi_p A_{i-p} \tag{3-3}$$

其中，A_0 为 N×N 单位阵，且当 $i < 0$ 时，$A_i = 0$。

基于以上的 Var 模型，将其作为有向加权网路，建立两两有向连通模型。

首先，两两变量间的 H 阶广义预测误差方差矩阵为

$$H_{ij}^g = \frac{\sigma_{jj}^{-1} \sum_{h=0}^{H} (e'_i A_h \sum e_j)^2}{\sum_{H=0}^{H-1} (e'_i A_h \sum A'_h e_j)^2}, H = 1, 2, \cdots \tag{3-4}$$

其中，σ_{jj} 表示 VAR 模型中第 j 个方程的扰动项标准误，即协方差方程式中对角线元素；ε_i 为除第 i 个元素为 1 外，其余元素均为 0 的选择向量。

在广义 VAR 框架下（koopman，1996），方差分解矩阵的行之和不再为 0，即

$$\sum_{j=1}^{N} \theta_{ij}^g(H) \neq 1 \qquad (3-5)$$

并对矩阵的各行元素和进行标准化：

$$\tilde{\theta}_{ij}^g(H) = \frac{\theta_{ij}^g}{\sum_{j=1}^{N} \theta_{ij}^g(H)} \qquad (3-6)$$

经过标准化后，方差分解矩阵的行元素和为 1，矩阵所有元素和为 N，即

$$\sum_{j=1}^{N} \tilde{\theta}_{ij}^g(H) = 1, i = 1,2,\cdots,N \qquad (3-7)$$

$$\sum_{i,j=1}^{N} \tilde{\theta}_{ij}^g(H) = N, i,j = 1,2,\cdots,N \qquad (3-8)$$

据此定义系统风险溢出矩阵为

$$\widetilde{SRNet}^H = \left[\tilde{\theta}_{ij}^g \right] \qquad (3-9)$$

基于以上矩阵，定义 from 连通：

$$C_{i\leftarrow .} = \frac{\sum_{\substack{j=1 \\ i \neq j}}^{N} \tilde{\theta}_{ij}^g}{\sum_{ij}^{N} \tilde{\theta}_{ij}^g} \times 100 = \frac{\sum_{\substack{j=1 \\ i \neq j}}^{N} \tilde{\theta}_{ij}^g}{N} \times 100 \qquad (3-10)$$

其中，$C_{i\leftarrow .}$ 为第 i 行非主对角线元素之和与矩阵各个元素之和 N 的比值，表示各个银行 j 对其他 i 银行的总风险溢出值。

同理，定义 to 连通性：

$$C_{i\leftarrow .} = \frac{\sum_{\substack{j=1 \\ i \neq j}}^{N} \tilde{\theta}_{ji}^g}{\sum_{ij}^{N} \tilde{\theta}_{ji}^g} \times 100 = \frac{\sum_{\substack{j=1 \\ i \neq j}}^{N} \tilde{\theta}_{ji}^g}{N} \times 100 \qquad (3-11)$$

其中，$C_{\cdot\leftarrow i}$ 表示银行 i 对其他银行 j 的总风险溢出连通性。

后文中，基于以上 DY 框架的广义预测误差方差分解模型，来构建银行系统风险溢出关联网络，据此来对银行业风险结构进行深入探究。

3.3.2　基于复杂网络模型的竞争网络模型

（1）复杂网络模型。在网络科学的推动下，复杂网络模型逐渐发展起来。复杂网络模型是根据图论、数学方法等定量分析方法，使某个群体或者团体按照某种关系连接在一起并构成系统。世界上各经济体的紧密联系使得金融经济研究开始与复杂网络交叉融合，由此该课题也成为更多学者关注的内容。而借助于复杂网络模型进行的网络分析，是探究系统内外部的深层结构，即隐藏在复杂社会系统表面之下的网络结构（Barry Wellman，1988），因而探究银行网络的特征结构是复杂网络分析必不可缺的内容。下面对本章的复杂网络模型及本章所用到的网络拓扑性质进行介绍。

网络是由各个节点，以及两两节点之间的连边所组成一个系统，度（Degree）是刻画某单个节点属性中最重要的概念之一。在无向网络中，节点 i 的度 k_i 为节点 i 连接其他节点的边的数量，即对于给定网络的邻接矩阵 $A = (a_{ij})_{N \times N}$，有

$$k_i = \sum_{j=1}^{N} a_{ij} = \sum_{j=1}^{N} a_{ji} \qquad (3-12)$$

相对于有向网络，我们可以将节点的度分为出度和入度，即

$$k_i^{out} = \sum_{j=1}^{N} a_{ij} \qquad (3-13)$$

$$k_i^{in} = \sum_{j=1}^{N} a_{ji} \qquad (3-14)$$

网络的中心性是衡量网络节点重要性的指标，也是衡量节点位置的重要指标。其中，度中心性是最直接的度量指标，一个节点的度越大意味着这个节点越重要。本章将其作为分析网络结构的主要内容。度为 k_i 的节点的归一化的度中心性为

$$DC_I = \frac{k_i}{N-1} \qquad (3-15)$$

基于以上复杂网络模型以及复杂网络分析方法，利用其对竞争网络进行结构化分析，旨在探索中国银行业的竞争网络演化趋势，以及银行竞争的内在结构特征。

（2）贷款网络。贷款是衡量银行业间竞争的重要指标，探索银行间的贷款业务结构，是研究其竞争结构的方法之一。由于可获得的原始数据为非标准二分网络数据，为了刻画银行间的竞争与合作关系，本章在进行网络分析之前，将非标准二分网络转换成标准二分网络，同时利用 R 语言程序将二分网络转化为一分网络，即将贷款公司之间的邻接关系，转变为银行与银行之间的邻接关系并设贷款网络（一分网络）为 $CWNet_{ij}$。

在新生成的贷款网络（一分网络）中，以 16 家上市银行作为网络的节点，银行的贷款公司是银行与银行间形成连通关系的枢纽，银行对公司的贷款额度作为银行间连边的权重。具体转变过程及结果如图 3-1 所示。

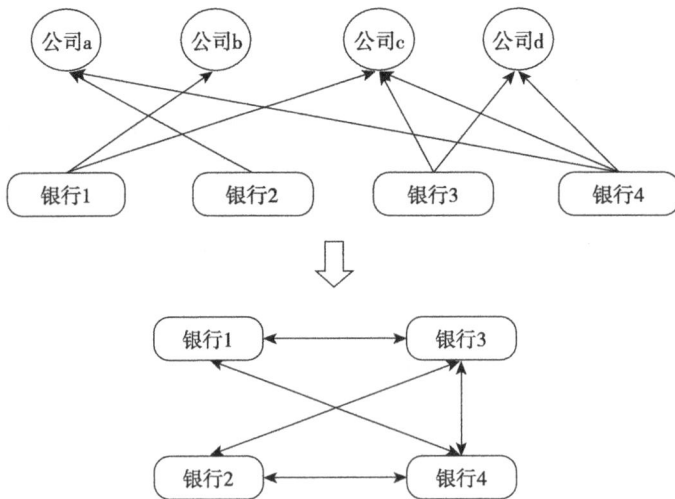

图 3-1 网络转换示意图

（3）竞合网络。基于上述的贷款网络构建方法，为了探究银行业间的竞争与合作关系，本章建立竞合网络矩阵并设为 $CCNet_{ij}$。该竞合网络表示：当银行 i 与银行 j 同时对公司 a 进行贷款时，则定义为银行 i 与银行 j 形成了连通关系，建立二者间的连边。在网络的构建过程中，剔除掉转换为一分网络后的数据中的孤立节点，即剔除掉只接受某一家银行的公司数据。利用 Rstudio 语言程序对数据进行循环，以银行与银行间形成连边的个数为网络矩阵的权重，即以 i 银行和 j 银行对某家或者某几家公司的贷款次数作为网络连边的权重，并形成有向加权竞合网络。

（4）加权竞争网络。从上述中的竞合网络可看出，其只考虑了银行间的连通性关系，没有考虑贷款为各个银行所带来的竞争压力。Mcpherson（1983）开创性地提出了市场共同度概念，它不仅能够合理地刻画出整体的金融机构间竞争结构，也能较好地反映出各个金融机构所承受的竞争压力。因此，该理论模型为银行业甚至其他产业竞争结构的建立提供了重要参考。本章借助该模型，对我国银行业加权竞争网络进行阐述并建立，并设定加权竞争矩阵为 $CWNet$。$CWNet_{ij}$ 表示银行 i 对其他所有银行的市场共同度，即为银行 j 对银行 i 所施加的贷款压力。具体的计算模型如下：

$$CWNet_{ij} = \sum_{i=1}^{k} \frac{\ln_{ia}}{\ln_i} \times \frac{\ln_{ja}}{\ln_a} \qquad (3-16)$$

其中，$\ln_{ia}$ 表示银行 i 对企业 a 的贷款额度，$\ln_i$ 表示银行 i 的总贷出金额，$\ln_{ja}$ 表示银行 j 对企业 a 的贷款额度，$\ln_a$ 表示公司 a 所获得的贷款金额。基于此模型，利用 Rstudio 语言程序，在二分网络的基础上，通过循环程序将数据转化为以 16 家银行为节点，市场共同度为银行之间的连边权重的一分加权邻接矩阵。

3.3.3　QAP（二次指派程序）

基于以上网络模型，本章的主要数据类型为矩阵数据，为了更好地研究这种关系，需要用到 QAP 方法。

由于普通最小二乘法（OLS）估计无法估计矩阵与矩阵间的关系，以及结构化分析，同时该方法进行参数估计与统计检验对观测变量的独立性要求较高，因此本章采用 Krackhardt（1987）首次提出的用于研究矩阵间关系的二次指派程序（Quadratic Assignment Procedure，QAP），它是通过对两个矩阵间的相似性进行比较来获得矩阵与矩阵间的相关系数的一种方法。由于各个观察值之间非独立，因而需要用到随机化检验。该程序将每个矩阵转换成长向量，对两个长向量之间的系数进行估计，随后对某一矩阵行及对应列进行随机置换，在对其进行几百甚至几千次重复后，得到相关系数分布并与首次得到的相关系数进行对比，来判断两矩阵间关系。

由此可见，QAP 方法不仅能够避免解释变量与控制变量之间存在的多重共线性问题（刘军，2010），同时可以较好地估计出网络与网络之间的关系，因此，在下文中利用该方法，对银行间竞争网络与银行间系统性风险之间的效应进行检验与估计。

3.4 系统性风险外溢网络、银行竞争网络的构建与特征分析

3.4.1 系统性风险外溢网络与特征分析

（1）样本与数据准备。银行业是金融业的核心，研究表明我国银行业资产规模占金融业的 80% 以上（王睿，2020），可见银行业的发展掌握着金融业的发展趋势。

本章的银行样本共包含 16 家上市银行，包括北京银行（BJ）、光大银行（GD）、华夏银行（HX）、建设银行（JS）、交通银行（JT）、民生银行（MS）、南京银行（NJ）、宁波银行（NB）、农业银行（NY）、平安银行（PA）、浦发银行（PF）、兴业银行（XY）、招商银行（ZS）、中国银行（ZG）、中信银行（ZX）。这 16 家银行涵盖了我国所有国有银行、部分股份制商业银行，以及城市商业银行，由于农村商业银行系统较小，且大部分农商银行不存在跨区经营，其破产或其他银行破产对其影响较小，因而本章研究不考虑该类型银行。同时，根据万得数据库的数据信息披露与统计，这 16 家银行的资产规模在样本区间内达到了我国银行业总体资产规模的 50% 以上，因而这 16 家银行对于我国各个银行来说具有较好的代表性。

本章的全样本研究时段为 2010 年 1 月 4 日至 2020 年 12 月 26 日，为了尽可能全面地刻画网络的演变过程，同时减少样本区间内数据的不稳定性，本章将样本共分为全样本以及 4 个子样本，其中 4 个子样本采用 BP（1998）的断点测验的结果来确定，具体时间段为 2010 年 1 月 1 日至 2013 年 11 月 14 日、2013 年 11 月 15 日至 2015 年 6 月 9 日、2016 年 6 月 9 日至 2018 年 3 月 1 日，以及 2018 年 3 月 1 日至 2020 年 12 月 26 日。由于 2015 年 6 月我国股市暴跌，股价波动率高涨，为了数据的稳定性以及实证估计的合理性，因此在子样本划分中，剔除波动率较高的事件发生时期，即 2015 年 6 月 9 日至 2016 年 6 月 9 日。

第一阶段为 2010 年 1 月 1 日至 2013 年 11 月 14 日，国际化改革阶段，在这一阶段，我国经历了银行"钱荒"等事件带来的波动，但总体来看，银行业在这一阶段规模持续扩大，保持较为稳定的发展态势。第二阶段为 2013 年 11 月 15 日至 2015 年 6 月 9 日，这一阶段我国经济水平大幅增长，股市涨幅较大，同时，各大银行逐步建立和大力发展互联网银行，中国金融体系也开始全面深化改革（谭华清，2019）。第三阶段为 2016 年 6 月 9 日至 2018 年 3 月 1 日，在经历了国际金融危机以及我国股市暴跌后，金融市场进入恢复期，为了金融业稳定运行，这一阶段也是我国金融业监管最为严格的一个阶段，银行业总体围绕着服务实体经济、防控金融风险、深化金融改革三大任务持续发展（王国刚，2019）。第四阶段为 2018 年 3 月 1 日至 2020 年 12 月 26 日，虽然在该阶段出现了包商银行破产等个例，但总体来看，银行业发展较为稳定，互联网银行快速发展，大量的银行理财子机构以及新的金融机构涌现，银行业迈向高质量发展新时代（王国刚，2019）。由此形成 4 个子样本以及全样本数据。

（2）各变量波动率及平稳性检验。由于通过财务披露获得银行间直接交易的信息或者头寸数据具有冗杂性并难以获得，同时根据有效市场理论，股票价格能够反映出历史相关信息。因而本章选用股票市场的每日价格波动率，对 16 家银行进行系统性风险测度。共计 2297 个交易日，并按时间对 2010 年 1 月 1 日至 2020 年 12 月 26 日交易数据进行样本划分，并计算出 16 家银行的每个交易日估计收益率，基于收益率数据利用 GARCH 模型，计算全部样本数据的股票收益波动率。原始数据来源于同花顺数据库，具体波动率走势如图 3 - 2 所示。

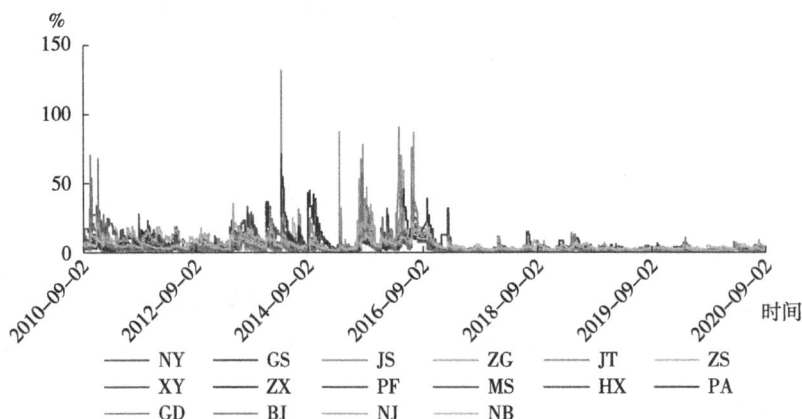

注：这里用银行拼音首字母表示各个银行名称。

图 3 - 2　银行股价波动率趋势

为了保证数据的平稳性，本章将以上波动率数据取对数，并对各个序列数据进行平稳性检验（ADF），结果表明各序列变量均通。在保证序列平稳后，即可进行 VAR 模型的建立。具体结果如表 3 - 1 所示。

表 3 - 1　　　　　　　　　平稳性（ADF）检验结果

银行波动率对数	z 值	1%临界值	P 值	结果
logBJ	- 5.34	- 3.96	0.0000	平稳
logGS	- 6.975	- 3.96	0.0000	平稳
logGD	- 9.022	- 3.96	0.0000	平稳
logHX	- 6.914	- 3.96	0.0000	平稳
logJS	- 6.508	- 3.96	0.0000	平稳
logJT	- 9.397	- 3.96	0.0000	平稳
logMS	- 5.889	- 3.96	0.0000	平稳
logNJ	- 5.019	- 3.96	0.0002	平稳
logNB	- 5.192	- 3.96	0.0001	平稳
logNY	- 6.975	- 3.96	0.0000	平稳
logPA	- 4.877	- 3.96	0.0003	平稳

续表

银行波动率对数	z 值	1% 临界值	P 值	结果
logPF	−7.044	−3.96	0.0000	平稳
logXY	−4.207	−3.96	0.0044	平稳
logZS	−5.871	−3.96	0.0000	平稳
logZG	−7.377	−3.96	0.0000	平稳
logZX	−5.159	−3.96	0.0001	平稳

注：logBJ 表示对北京银行波动率序列取对数。

（3）VAR 模型估计与方差分解。根据 AIC 准则和 BIC 准则及结果表明，以及 ADF 检验结果表明，选择滞后一阶效果最佳，即 p=1。利用 DY 框架模型下的广义预测误差分解模型，对模型扰动项进行方差分解，根据前人的研究经验，采用十期作为广义预测误差方差分解期数，即 H=10（文风，2017），由此得到 16×16 的系统风险关联矩阵，如表 3−2 所示。

表 3−2　　　　　　　　全样本方差分解矩阵

样本银行	NY	GS	JS	ZG	JT	ZS	XY	ZX	PF	MS	HX	PA	GD	BJ	NJ	NB	from
NY	0.00	1.17	0.03	1.55	0.25	0.02	0.33	0.01	0.03	0.03	0.02	0.32	0.10	0.04	0.49	0.19	4.59
GS	45.14	0.00	0.09	0.40	0.38	0.01	0.06	0.02	0.01	0.23	0.05	0.06	0.66	0.02	0.33	0.05	47.51
JS	44.90	9.65	0.00	0.15	0.63	0.04	0.02	0.00	0.01	0.25	0.49	0.33	0.64	0.01	0.44	0.16	57.73
ZG	41.68	5.65	2.43	0.00	0.52	0.00	0.01	0.33	0.01	0.21	0.12	0.25	0.32	0.19	0.54	0.54	52.80
JT	34.15	0.80	2.63	8.56	0.00	0.03	0.20	0.08	0.02	0.20	0.24	0.40	0.31	0.49			48.32
ZS	25.91	2.03	1.72	0.70	10.32	0.00	0.17	0.03	0.11	0.02	0.29	0.33	0.15	0.21	0.09	0.01	42.08
XY	17.00	1.35	2.00	1.02	8.92	4.87	0.00	0.04	0.03	0.01	0.15	0.12	0.21	0.05	0.21	0.06	36.04
ZX	16.28	2.15	2.73	2.64	5.70	2.63	1.73	0.00	0.04	0.01	0.21	0.06	0.43	0.01	0.45	0.27	35.34
PF	23.24	0.48	0.87	1.80	11.02	6.57	11.90	0.18	0.00	0.01	0.29	0.04	0.37	0.61	0.03		57.47
MS	21.75	1.16	1.92	2.84	6.72	5.01	6.96	1.48	3.94	0.00	0.85	0.10	0.20	0.27	0.55	0.49	54.25
HX	23.03	2.24	3.56	2.96	8.09	3.85	8.77	0.52	3.86	2.08	0.06	0.09	0.17	0.36	0.33		59.97
PA	10.93	0.78	3.85	0.03	3.82	5.13	5.62	0.37	0.41	0.11	0.58	0.16	0.06	0.00			32.05
GD	24.29	2.63	2.01	2.26	10.65	0.39	3.35	1.84	0.00	0.20	0.27	1.19	0.00	0.10	0.38	0.01	49.55
PJ	19.03	2.01	1.66	3.83	9.13	2.62	10.39	1.38	2.83	1.72	3.59	0.04	1.67	0.00	0.04	0.19	60.13
NJ	13.72	1.07	3.19	1.98	5.44	2.51	5.49	1.59	1.06	0.53	3.80	0.06	1.36	4.54	0.00	0.16	46.50
NB	15.25	0.37	1.36	1.55	3.51	6.57	3.38	2.04	0.55	0.17	2.24	1.84	3.65	2.83	10.42	0.00	55.72
to	376.31	33.52	30.05	32.26	85.08	40.26	58.37	9.93	12.89	5.73	12.88	5.45	10.16	9.20	14.94	2.99	740.04

（4）风险溢出网络可视化与分析。根据以上 DY 框架下方差分解结果，建立 4 个子样本加权有向网络与 1 个全样本加权有向网络，同时加入节点度、连边权重等特征，对其进行可视化展示，如图 3 – 3 和图 3 – 4 所示。其中各个银行作为网络的各个节点，连边的宽度表示节点间权重的大小，节点面积的大小表示节点的度中心性的大小。即连边越宽，两两银行间的联系越紧密，节点面积越大，该银行节点位置越重要。

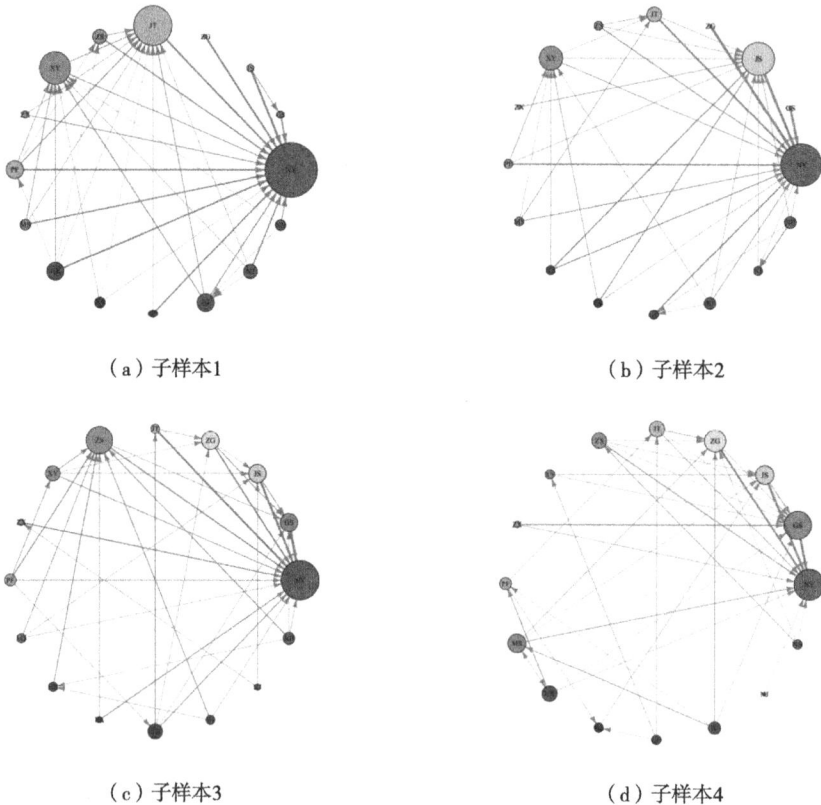

（a）子样本1　　　　　　　　　　（b）子样本2

（c）子样本3　　　　　　　　　　（d）子样本4

图 3 – 3　阶段子样本系统性风险溢出网络

图中箭头方向为风险溢出方向，节点的连边向外指表示该节点对其他节点的风险溢出，节点的连边向内指表明该节点的风险接受情况，节点的入度越大，即指向该节点的箭头越多，表明该节点接受较多的风险，更易受其他节点的风险传染，当大规模的金融风险或者银行破产倒闭风

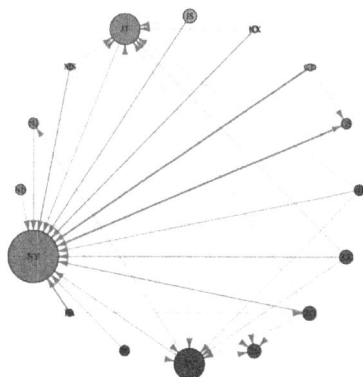

图 3 - 4　全样本系统性风险溢出网络

潮来临时，该节点受传染的可能性十分之大；反之，节点的出度越大，即该节点指出的箭头越多，表明该节点向其他节点传染更多的风险，当金融危机或银行破产风险破产风潮来临时，该节点的破产倒闭，很可能传染给较多的其他金融机构。

根据图 3 - 3 中 4 个分样本结果以及网络图可以看出，各节点的中心度逐渐平均化。随着银行业的发展，以及各个银行规模的扩大，银行业的重要节点不再仅仅集中于某几家大型银行，而是逐渐在向平均化，即平均风险接受与风险溢出值在加大，原来的不易传染或受传染的银行也逐渐变得易受其他银行节点的影响。

同时，银行间的连边逐渐向错综复杂演变，即对于某家银行来说，风险逐渐从单一扩散向多样扩散转变。尤其是在 2015 年中国发生股市暴跌以后，我国的银行系统的整体性越来越高，联系越来越紧密，某家银行的破产或倒闭，会更大程度地影响更多的其他银行机构，甚至是在第一阶段不易受影响的银行节点，也逐渐被卷入整个银行系统风险，因此可以看出，金融业在互联网和物联网时代，各个金融机构的资本的运作以及发展状况息息相关，当危机来临时，风险会像"多米诺骨牌"般扩散，已经不再是单单改变某一家机构的经营状况可以挽救的了。

另外，根据风险溢出网络矩阵以及网络图可以看出，农业银行成为主要的风险吸收机构，即当发生危机时，其他银行，尤其是与农业银行联系紧密的银行的风险更容易波及农业银行。虽然农业银行并非是银行业中规模最大的大型银行，但其与其他银行的风险关联度成为银行之首，足以证明该银行是"太关联而不能倒"的首要银行机构。从总体来看，其他大型国有银行的向内风险溢出值总体都较高，说明该类银行形成了银行系统的风险吸收和抵御的核心力量与中坚力量。相比之下，由于股份制商业银行以及城市银行与他行关联性较低，成为主要的风险传染者。

3.4.2 银行业竞争网络的构建与特征分析

（1）样本与数据准备。本章采用银行间共同贷款情况来刻画银行业竞争状况，若某两家银行同时对一家公司贷款，则两银行间形成连通关系，例如 A 银行贷款给 C 公司，即 A—C，B 银行贷款给 C 公司，即 B—C，则形成 A—B 的连通关系。数据来源于 CSMAR 数据库。将得到的原始数据进行筛选，并剔除缺失值。按照本章的选择区间对其进行样本划分，共筛选出 1 个全样本数据以及 4 个子样本数据，共计 70506 笔贷款数据，贷款公司共 2871 家。同时，对 5 个样本数据进行网络形式转换并构建邻接网络。根据上述贷款网络模型，对原始的非标准二分网络数据进行处理和清洗，筛选出 69715 笔非孤立贷款数据，在对其进行时间排序后，分别整理出全样本及子样本数据，利用 Rstudio 程序，对16 家银行进行两两组合，整合成一分网络数据，形成 5 个样本的网络邻接表。

（2）贷款网络。在对数据处理与清洗过后，通过对二分网络数据转化后得到的一分网络数据建立邻接矩阵，由于得到的网络为复杂网络，因此在得到的二分数据基础上，对重复银行间的贷款额度进行加总，并对网络矩阵中前15%的数据权重进行提取，同时进行归一化处理，形成 0 - 1 贷款矩阵。具体对全样本贷款网络矩阵如表 3 - 3 所示。据此建立 5 个样本的网络连通图如图 3 - 5 和图 3 - 6 所示。其中，节点面积的大小表示节点的度中心性的大小。

表 3 - 3　　　　　　　　　　　　　银行贷款网络

样本银行	BJ	GS	GD	HX	JS	JT	MS	NJ	NB	NY	PA	PF	XY	ZS	ZG	ZX
BJ	0	0	0	0	0	0	0	0	0	0	0	0	0	0	0	0
GS	0	0	0	1	0	0	1	0	0	1	0	0	0	0	1	0
GD	0	0	0	1	0	0	0	0	0	1	0	0	0	0	0	0
HX	0	1	1	0	1	0	0	0	1	1	0	1	0	0	1	1
JS	0	0	0	1	0	0	0	0	0	0	0	0	0	0	0	0
JT	0	0	0	0	0	0	0	0	0	0	0	0	0	0	0	0
MS	0	1	0	1	0	0	0	0	0	1	0	0	0	0	1	0
NJ	0	0	0	0	0	0	0	0	0	0	0	0	0	0	0	0
NB	0	0	0	1	0	0	0	0	0	1	0	0	0	0	0	0
NY	0	1	1	1	0	0	1	0	1	0	0	1	0	0	1	1
PA	0	0	0	0	0	0	0	0	0	0	0	0	0	0	0	0
PF	0	0	0	0	0	0	0	0	0	1	0	0	0	0	0	0
XY	0	0	0	0	0	0	0	0	0	0	0	0	0	0	0	0
ZS	0	0	0	0	0	0	0	0	0	0	0	0	0	0	0	0
ZG	0	1	0	0	0	0	1	0	0	1	0	0	0	0	0	0
ZX	0	0	0	1	0	0	0	0	0	1	0	0	0	0	0	0

注：篇幅有限，这里仅展示全样本网络。

从分样本贷款网络连通图我们可以发现，虽然在四个子样本区间内，贷款仍然主要集中于国有银行以及部分股份制商业银行，对于大额贷款，企业往往更愿意去向大型银行获得。但是，从第二阶段开始，贷款额度由主要集中中国银行，逐渐开始向多方向转移。从全样本贷款网络矩阵及连通图我们可以看出，除了一直表现较好的国有银行外，华夏银行和民生银行在众多银行中表现突出，在整体贷款竞争中排名靠前，也可以看出华夏银行和民生银行具有较大的潜力。

（3）竞合网络。根据上述竞合网络模型及公式，分别建立由 16 家银行间的共同借贷组成银行间四个阶段以及全样本竞争与合作矩阵，利用 R 程序对银行间形成连边的次数进行统计，即银行 i 与银行 j 同时对公

（a）子样本1　　　　　　　　　　（b）子样本2

（c）子样本3　　　　　　　　　　（d）子样本4

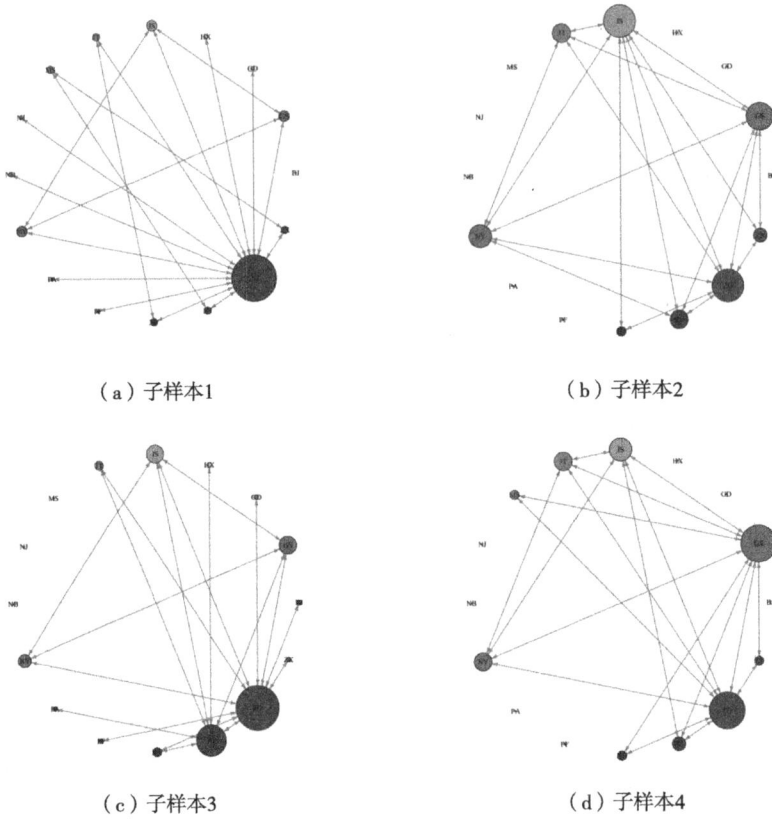

图3－5　4个子样本贷款网络连通

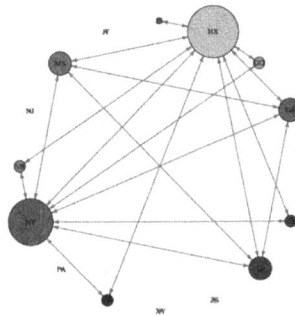

图3－6　全样本贷款网络连通

司 a 的贷款次数进行循环计算，并以此作为竞合网络的连边权重，得到加权的 5 个样本区间的复杂竞合网络，并由此绘图 3 - 7 和图 3 - 8。其中，16 家银行作为网络的节点，连边的宽度表示节点与节点间权重的大小。

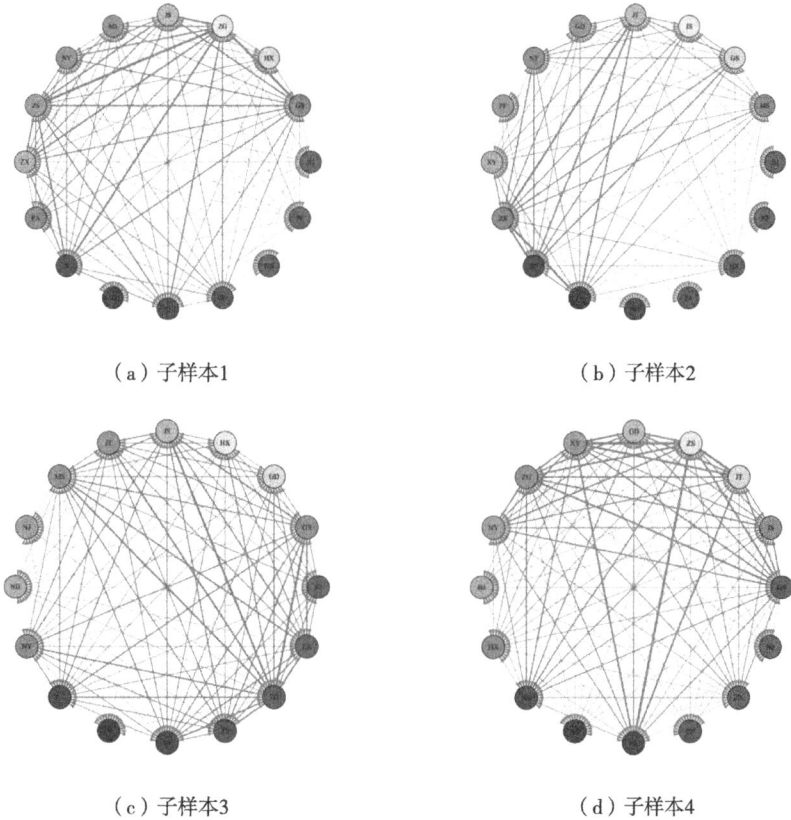

（a）子样本1　　　　　　　　　（b）子样本2

（c）子样本3　　　　　　　　　（d）子样本4

图 3 - 7　4 个子样本竞合网络

全样本竞合结果表明，国有银行仍然是表现更为突出的节点，即国有银行与其他银行的竞争与合作关系更加密切，同时表明其竞合能力在整体银行系统中表现更为突出。此外，招商银行、民生银行、华夏银行表现也较为突出。另外，从网络的连边的宽度来看，即邻接矩阵的权重来看，城市商业银行在整体的排名更靠后。由于该类型大部分银行较国有银行来说上市时间较晚，缺少国有资本的加持等原因，其竞争力较小，更不容易受到更多公司的青睐，因而其整体的合作能力和竞争能力都更弱。

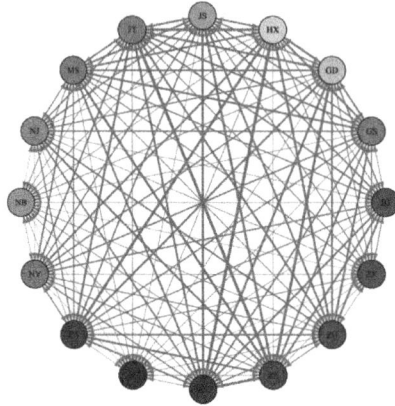

图3-8　全样本竞合网络

从总体演变趋势上来看，根据连边权重，即网络图中连边粗细程度来看，前两阶段权重比例较高的连边明显集中在国有银行，以及上市较早的、规模更大的商业银行，这反映出国有银行和规模更大的商业银行更易受企业青睐。而从第三阶段之后，连边权重明显开始逐渐平均化，即城市银行等规模相对较小的银行竞合程度有了明显的提升。

（4）加权竞争网络。根据市场共同度模型，以及4个阶段各银行对各公司贷款的子样本数据情况，分别计算4个阶段以及全样本中两两银行间的市场共同度的值，并作为银行i与银行j之间的连通性权重，并对相同银行间权重进行加总整合，形成加权竞争网络矩阵以及可视化连通网络。其中节点的连边的宽度表示权重的大小，即衡量联系的紧密程度以及竞争程度。

根据图3-7中4个子样本网络图可以发现，在错综复杂的竞争网络下，形成了小部分的强连通银行群，即这一部分具有更明显的竞争关系。例如，在子样本1（a）中，中国银行与中信银行、子样本2（b）中的中国银行、中信银行、民生银行与农业银行等。由此表明，该类强连通银行群体，形成了联系更加密切的竞争群体，竞争能力较强的银行总是会与竞争能力较强的其他银行形成连通关系。同时，从网络演化的角度来看，随着时间变化该部分群体队伍逐渐壮大，界限逐渐模糊，表明银行间竞争越来越激烈，更多的股份制商业银行，甚至是城市商业银行崛起，与国有银行形成竞争关系。尤其是在第三阶段，即子样本 3（a），中心重要银行大幅增加，也表明在股市暴跌危机后，各个金融机构在整顿与调整后，积极调整贷款业务，争相提高自身的竞争能力。

从总体来看，率先进入全球 500 强的中国金融机构——工商银行，实力确实不容小觑，其综合实力位列榜单之首。作为竞争靠前的银行仍然集中于工行、农行、中行、建行四家国有银行及个别股份制商业银行，可见它们仍然在贷款竞争中具有较大的优势。

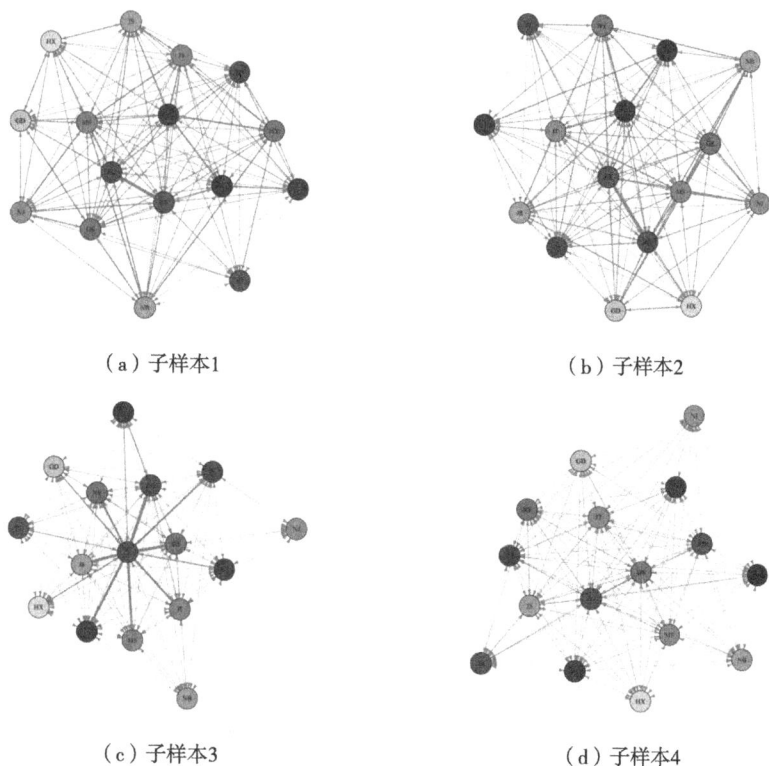

（a）子样本1 　　　　　（b）子样本2

（c）子样本3 　　　　　（d）子样本4

图 3-9　4 个子样本银行竞争网络

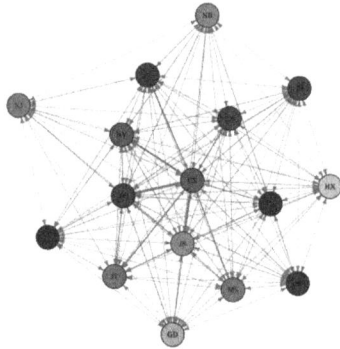

图 3-10　全样本银行竞争网络

3.5　网络视域下银行竞争与系统风险关系分析

在银行并购、重组、改革和互联网等一系列冲击下,银行业竞争与银行业风险问题受到了越来越多的关注,综合来看,目前在该领域出现了四种假说,分别是"竞争脆弱假说""竞争稳定假说""竞争脆弱稳定U形假说""竞争稳定无关"假说,可见,当前对于竞争与金融业风险的关系仍存在许多看法与争议。

因此,本章在现有理论的基础上,从上述网络科学的角度,通过分析网络矩阵间的关系,利用QAP建模分析银行业竞争对系统性风险传染的效应,以此来丰富竞争与风险假说理论,为银行业甚至金融业的结构优化提供有效建议。由于考虑到四个子样本数据序列较短,可能导致结果失真,本章仅对全样本网络进行QAP分析。

3.5.1　变量说明

本章将上述基于DY框架下的系统性风险溢出网络(SRNet)作为模型中的被解释变量,来探究解释变量对银行业系统性风险的效应;将基于复杂网络模型的银行业竞争网络作为模型的核心解释变量,包括银行业贷款网络(LRNet)、银行业竞合网络(CCNet)、银行业竞争网络(WCNet)。

　　另外，由于系统性风险的影响要素诸多，通过借鉴前人的相关性研究，本章在模型中加入控制变量。随着互联网金融，以及银行互联网理财产品的出现及加速发展，近几年我国银行信贷量大幅增加，同时也出现了更多的巨额放贷，导致了银行不良贷款率增加。张家臻和刘亚（2017）、季琳和赵延丽（2012）提出银行的不良贷款率的提高会引起系统性风险的加大，当银行对企业放出更多不良贷款时，会导致银行破产的概率增加，从而导致更大的系统性风险。张琳（2020）表明，即使银行股权市账比的增加会给各银行带来更多的投资，但是往往会造成银行股价被高估，从而增加了银行潜在的系统性风险。除此之外，Pais 和 Stork（2013）提出，银行的规模会引起系统性风险在一定程度上的加深；杨天宇（2013）等也表明，银行规模越大，越会颠覆"太大而不能倒"的传统认知，会存在更多的潜在系统性风险；张志刚（2019）等研究发现，当银行净资产回报率（ROA）越高，发生风险的可能性也就越大；王睿（2020）研究表明，银行杠杆率的提高，会导致银行系统性风险的加大。

　　综上对各个变量及指标进行阐述，如表 3 - 4 所示。

表 3 - 4　　　　　　　　　　变量选择及其指标

分类	变量	指标
被解释变量	系统性风险网络（SRNet）	股价波动率
解释变量	贷款网络（LCNet）	前 15% 共同贷款二值化
	竞合网络（CCNet）	Ln（共同贷款次数）
	加权竞争网络（WCNet）	市场共同度
控制变量	股权市账比（MB）	两两银行（股票市值/权益账面价值）差值
	不良贷款率（NPL）	两两矩阵（不良贷款额/贷款总额）差值
	银行规模（SIZE）	两两银行总资产差值
	杠杆率（LR）	两两银行（一级核心资本/总资产）差值
	股权回报率（ROA）	两两银行（税后净利润/总资产）差值

同时据上述变量建立模型（3 - 17）：

$$SRNet = \alpha + \beta LNet + \gamma CCNet + \lambda WCNet + \delta \sum control + \mu$$

$$(3 - 17)$$

由此将上述解释变量、被解释变量以及控制变量的对应矩阵数据分别导入软件，将每个矩阵中的 15 家上市银行数据随机置换 5000 次，分别计算出每一次转置后的相关系数，将每一次统计的相关系数保存并最终计算出其平均值，并在 QAP 相关性分析的基础上作 QAP 回归分析。

3.5.2 QAP 相关性分析

利用 Ucinet 程序，对解释变量、被解释变量、控制变量，即银行的系统性风险网络、银行共同贷款网络矩阵、竞合网络矩阵、加权竞争矩阵网络、不良贷款率矩阵、银行股权市账比矩阵、银行规模矩阵、银行杠杆率矩阵和银行资产回报率矩阵进行 QAP 相关性检验，检验具体结果如表 3 − 5 和表 3 − 6 所示。

表 3 − 5 　　　　　　　　　　　　QAP 相关性检验结果

变量	Obs Value	Significa	Average	Std Dev	Minimum	Maximum	P ≥ 0
风险溢出与 共同贷款（*LNet*）	0.238	0.046 **	0.001	0.107	− 0.172	0.36	0.046
风险溢出与 竞合矩阵（*CCNet*）	0.17	0.055 *	0.000	0.130	− 0.292	0.361	0.091
风险溢出与 加权竞争（*WCNet*）	0.111	0.089 *	0	0.08	− 0.093	0.401	0.089
风险溢出与 不良贷款率（*NPL*）	− 0.138	0.046 **	− 0.001	0.066	− 0.241	0.163	0.954
风险溢出与 股权市账比（*MB*）	− 0.134	0.091 *	− 0.001	0.105	− 0.217	0.303	0.91
风险与溢出杠杆率（*LR*）	0.03	0.345	0.003	0.093	− 0.231	0.33	0.343
风险溢出与 银行规模（*SIZE*）	0.131	0.154	0.001	0.163	− 0.338	0.568	0.154
风险溢出与 净资产回报率（*ROA*）	0.093	0.16	0.004	0.155	− 0.37	0.501	0.16

注：** 、* 分别表示在5%、10%水平上显著。

结果表明，核心解释变量，即银行间共同贷款网络、银行间竞合网络、银行间加权竞争网络，均与银行业系统性风险网络具有较为显著的相关性，由此可见，银行业的竞争对银行业的系统性风险具有一定的影响。另外，对于控制变量，可以表明，银行不良贷款率和银行股权市账比对银行业系统性风险也有较显著的影响。

另外，银行业规模对银行业系统性风险并无显著性影响，由此可以发现，我国银行业正在从"太大而不能倒"向"太关联而不能倒"转变，研究银行业甚至金融业的关联性是银行业系统性风险防范的重中之重。

3.5.3　QAP 回归分析

根据以上相关性检验结果，对显著性水平结果在 10% 以下的非显著控制变量进行剔除，即银行资产回报率、银行规模及银行杠杆率进行剔除，保留显著性水平较好的其余变量，以此建立模型（3 – 18）。据此对被解释变量、解释变量以及控制变量进行 QAP 回归，得到如表 3 – 6 所示的检验结果。

$$SRNet = \alpha + \beta LNet + \gamma CCNet + \lambda WCNet + Anpl + Bmb + \mu$$

$$(3 – 18)$$

表 3 – 6　　　　　　　　　全样本 QAP 回归检验结果

Independent（独立）	Un – stdized Coefficient（非标准化系数）	Stdized Coefficient（标准化系数）	Significance（显著性水平）	Proportion As Large（大比例）	Proportion As Small（小比例）
Intercept（截距）	– 0.142071	0			
全样本共同贷款网络（LNet）	0.033507	0.194643	0.035 **	0.035	0.965
全样本竞合网络（CCNet）	0.015491	0.160822	0.055 *	0.055	0.945
全样本加权竞争（WCNet）	0.233588	0.194873	0.056 *	0.056	0.944
全样本不良贷款率（NRL）	0.099374	0.343999	0.021 **	0.021	0.979
全样本股权市账比（MB）	– 0.005504	– 0.089444	0.159	0.841	0.159

注：①R = 0.22　P = 0.0000。

②** 、 * 分别表示在 5% 、10% 水平上显著。

根据全样本模型检验结果，从总体来看，回归结果的 R 值以及 p 值都表明回归结果较好，从核心解释变量来看，三个核心解释变量的系数表明，银行业竞争对银行业系统性风险有明显的正向影响，即银行业的竞争程度的加强，会进一步加大银行业整体的系统性风险，从而降低银行业的稳定性，同时该结果也进一步证明了在网络视域下，银行业的"竞争—脆弱"假说。从控制变量来看，其中银行的不良贷款率也对银行的系统性风险具有正向的贡献值，这表明当银行的不良贷款增多时，往往会在一定程度上导致银行系统性风险的加大，从而蕴藏更大的破产和被挤兑的可能性。

由此可见，实力较高以及与他行关联性较高的银行会持有更多的贷款，获得更多的信贷支持，使得其股价被高估的可能性加大，导致股价波动加剧；在贷款增多的同时，倘若对贷款质量疏忽，则会使不良贷款率上升的可能性加大，从而引发更大的系统性风险。相反地，竞争力较小的银行，为了防止被挤兑和破产，它们变得更加不愿意从事风险活动，更倾向于发起较小的借款和投资组合。

3.6 本章小结

本章利用 DY 框架下的方差分解的方法，对 16 家上市银行系统性风险溢出值进行测度，并建立连通网络，同时在对银行竞争结构分析后，利用市场共同度模型建立了银行业竞争网络。为了减少模型中的多重共线性问题，本章采用 QAP 的分析方法，对银行业系统性风险网络和银行业竞争的效应进行了检验和分析。

根据银行系统性风险传染进行测度及网络建立后发现，农业银行在 16 家银行中，成为主要的风险接收者，虽然作为国有银行之一，农业银行规模较大、竞争能力较强，但是由于其业务范围更广，使得其成为系统性风险抵御者。同时，在 2016 年以前，系统性风险网络的中心节点，以及风险接受或风险传染程度高的节点明显集中于几家规模较大的银行，在 2016 年以后，许多城市商业银行在我国对金融业整顿的同时逐渐崛起，使得银行与银行间的联系越来越紧密，银行之间的连边逐渐变得错综复杂，风险传染也不再只是集中于某几家银行，因此，即使是较小型的银行，也应当在银行业持续发展的背景下注重系统性风险的防范。

根据银行业竞争网络模型构建以及绘制，我们发现，即便是全局耦合的竞争网络也可以看出，节点与节点间的连边权重在逐渐平均化，即在大型银行持续发展的背景下，中小型银行逐渐崛起，使得银行间的竞争力逐渐趋向均等。另外，根据银行业系统性风险及其竞争结构关系检验我们发现，银行业竞争会为银行的系统性风险带来正向的效应，即银行业整体竞争程度的加深，会使得银行系统的风险加大。其原因在于银行业经营同质性增强而差异性下降，利率市场化使得中小银行具有了扩表能力与动力，从而使得中小银行向企业的贷款权重逐渐向大银行趋近，连通性与传染性也急剧上升。

综合以上结论，可以得出以下启示：（1）从风险防范来看，城商银行以及银行规模较小，竞争力较弱的商业银行，由于其风险更容易传染和扩散，因而要更加注重对该类银行的风险防控以及监管。（2）从监管来看，虽然银行贷款能够为银行带来更高的竞争力，但是不合理地通过贷款来提高竞争力，无疑会带来更多的潜在风险，因此要注重银行的贷款质量和贷款结构，通过改善银行内部结构来提高自身的竞争力。（3）从银行业改革创新来看，在银行间网络逐渐复杂的趋势下，不仅要注重自身的发展，同时要注重联系密切的银行发展质量，促进区域间以及相似内部结构间银行的协同发展，强化银行业差异化竞争与分层竞争。

第4章　数字金融发展与银行业竞争研究

4.1　引言与文献综述

近年来，数字金融发展对银行业竞争的影响受到国内外学术界的关注（Bejar，2022；Susan，2021；吴桐桐，2021；谢平，2012）。一种观点认为，数字金融促进了银行间竞争。吴桐桐（2021）研究发现，数字金融发展提高了银行业的竞争程度与竞争压力，Susana（2021）、谢平（2012）、封思贤（2019）也得出相似结论。相反，另一种观点认为，数字金融会削弱银行间竞争程度。Dapp（2014）认为，数字金融促使银行间的单一竞争向竞合转变，而合作中的联盟减少了潜在竞争。此外，也有少数学者认为数字金融并未影响到银行间竞争（Jagtiani，2018；付争等，2021）。Jagtiani（2018）认为，数字金融仅仅弥补了传统服务中的供给不足，而并未影响到商业银行的核心业务。付争等（2021）认为，数字金融的发展不会促进银行竞争但会加强银行间合作。

可见，学术界对数字金融与银行业竞争之间关系的判断存在较大分歧，需要进一步验证与澄清。探究数字金融与银行业竞争之间的关系，离不开对数字金融及银行业竞争的科学测度。学术界对数字金融的测度方法主要有四种。第一，基于文本挖掘技术的测度（Das，2014）。该方法虽能具体刻画银行个体的数字金融指数，但容易受主观因素影响，数据的准确性有待考量（张庆君等，2017）。第二，利用数字化交易规模与银行资本比值表征银行数字金融发展（封思贤，2019）。该比值虽能够在一定程度上衡量数字金融对银行的影响，但由于数字化交易仅是数字金融的一部分，该方法仍然不全面。第三，以金融科技监管沙盒作为该指标的替代变量（Derrick，2020）。由于我国仍处于金融科技监管沙盒试点阶段，因此该方法仍有待商榷。第四，利用北京大学研究所提供的数字普惠金融发展指数来衡量各个省市的数字金融发展程度（郭峰，2020），但是该指数并不能表征单个银行的数字金融发展，其更适用于区域性研究。为了弥补现有研究方法的缺陷，并紧紧把握数字金融的范畴，我们利用银行注册地及许可证信息，基于省域数字金融发展指数测算各商业银行的数字金融发展水平。

关于银行业竞争的测度方法，现有研究主要集中于两类。第一，基于银行行为的简化式方法或统计指标测度法，如赫芬达尔指数、市场集中度、银行贷款额度等（Rhoades，1993；Berger，2004；Mcpherson，1983）。第二，基于银行经营指标的结构式测度法，如勒纳指数等（Lerner，1934；李双建，2021）。无论是统计指标法还是结构式测度法，均未考虑银企互动关系等（Klette，1998；林峰，2010）。Thorsten Beck（2011）指出，考察银行业竞争不能不考虑银行间的协变行为及银企互动关系。因此，有必要从银行间关系、银企关系的角度去刻画银行业竞争，分析数字金融发展对银行业竞争的影响。复杂网络科学为该课题研究提供了新的视角与工具，能够基于银企信贷数据深入分析银行与银行、银行与企业、企业与企业间的互动关系。那么，在网络视角下，数字金融是否以及如何改变银行业的竞争格局？本章的边际贡献在于：（1）利用银企信贷数据构建竞争网络（加权竞争网络与竞合网络），测度银行业竞争；（2）采用 QAP（二次指派程序）方法分析数字金融对银行业竞争的影响；（3）丰富了数字金融影响银行业竞争的机制。

本章结构安排如下：第二部分为研究设计；第三部分为实证分析；第四部分为机制分析；第五部分为结论与启示。

针对数字金融与银行业竞争之间的关系已有较为广泛的探讨。大部分研究都表示，数字金融重塑了传统银行业的经营模式与竞争格局。第一种观点认为，数字金融促进了银行间竞争。其中，从国内研究来看，以吴桐桐（2021）为代表从个体银行的角度研究发现数字金融发展提高了银行业的竞争程度与竞争压力（谢平，2012；封思贤，2019）；从国外研究来看，以Susana（2021）为代表，从区域的角度分析说明了数字金融会促进竞争程度弱的区域的银行业竞争程度。相反地，第二种观点认为，数字金融会削弱银行间竞争程度。例如，Dapp（2014）通过理论和数据分析认为数字金融促使银行间的单一竞争向竞合转变，而合作中的联盟减少了潜在竞争。然而，也有较少观点认为数字金融并未影响到银行间竞争，如Jagtiani（2018）认为，数字金融仅仅弥补了传统服务中供给不足之处，并未影响到商业银行的核心业务；付争等（2021）通过实证间接分析了二者的关系，认为数字金融的发展不会促进银行竞争但会加强银行间合作。综观相似研究，存在以上分歧的关键原因之一在于：数字金融与竞争的测度方法不同，且分析角度较为单一。而该研究的核心与难点正在于数字金融与银行业竞争的测算。因此，下面围绕以上主题，从研究方法的角度分别回顾和评述数字金融与竞争的相关研究。

目前，关于数字金融的测度方法主要有三种。第一种方法是基于文本挖掘技术，根据百度词条搜索的关键词数量，来构建数字金融指数，但文本分析的方法可能受主观因素影响，数据的准确性有待考量（张庆君等，2017）；第二种方法是利用数字化交易规模与银行资本比值来表征银行数字金融发展状况（封思贤，2019），该比值虽能够在一定程度上衡量数字金融对银行的冲击程度，但由于数字化交易规模为固定值，而在各银行的比较中，显然更侧重于银行资产的比较。第三种方法是利用北京大学研究所提供的数字普惠金融发展指数来衡量各个省市的数字金融发展程度（郭峰，2020）。该方法从广度、深度等多个维度测算了各省市的数字金融发展指数，但其更适用于区域性研究。从数字金融的概念来看，学界并未给出准确且一致的界定。黄益平等（2017）将数字金融定义为：传统金融机构与互联网公司利用数字技术和手段实现支付、融资等新型金融业务；其他观点可以概括为：数字金融指金融机构与金融科技公司合作，利用数字技术来完成支付、融资、理财等新型金融业务。不难发现，其统一的观点是：数字金融的核心是金融机构（欧阳日晖，2021）。而银行作为金融中介的代表，探究其数字金融发展态势更有利于深挖数字时代下，银行与银行、银行与企业之间新的结构关系。为了弥补现有研究方法的缺陷，紧紧把握数字金融的范畴，我们从银行及其分支机构地理位置的角度，结合社会网络，基于省域数字金融发展指数，重新测算数字金融对各商业银行的冲击程度。

关于银行业竞争的测度方法，现有文章主要集中于勒纳指数模型。自 Lerner（1934）首次提出勒纳指数的竞争测度方法后，国内学者也开始纷纷效仿并应用。但随着研究的深入，该方法也被提出了些许质疑，如其取值问题、角度单一、忽略了银企间互动关系等（Klette，1998；林峰，2010）。Thorsten Beck（2011）研究指出，影响银行系统稳定的一个重要因素是银行的协变行为，即其他银行对某一家银行行为所作出的反应行为。因此，有必要从探究银行间关系的目的出发，分析当前的竞争结构。而网络科学与各学科各领域的融合发展，为研究提供了新方略，这不仅有利于对竞争进行测度，更有利于为金融机构管理、促进金融稳定提供新视角。由 Masi 和 Gallegati（2007）率先提出的利用银企关系构建竞争网络，为本章的研究提供了参考。此后一些国内学者也借鉴该方法对银行等金融机构发展状况展开了一系列研究与分析（刘洪生等，2009；龚柳元等，2012；陆军等，2017）。

综上所述，与已有研究相比，本章的边际贡献在于：（1）从银行间关系出发，利用银企信贷数据构建竞争网络（竞合与加权竞争），并对其进行异质性分析和可视化分析。（2）在北京大学数字金融研究所测算的数字金融指数的基础上，根据商业银行注册地及分支机构地理位置，利用加权模型测算各商业银行的数字金融指数。（3）利用二次指派程序（QAP）从网络视角分析了数字金融对银行业竞争关联的驱动作用。（4）重点从异质化竞争的角度分析了数字金融为银行业竞争结构带来的变革，为强化差异性竞争及银行系统管理提供新思路。

4.2 研究设计

4.2.1 银行业竞争测度

本章基于银行加权竞争网络和竞合网络对银行业竞争进行测度。银行加权竞争网络（$CWNet$）：Mcpherson（1983）率先提出了市场共同度概念，该理论模型不仅能够反映出节点之间的竞争关系，同时可以测算个体银行对其他银行施加的竞争压力。本章借鉴该模型，以市场共同度作为网络连边权重，构建银行加权竞争网络。具体的模型如式（4-1）所示。其中 $\ln_{ia}$ 表示银行 i 对企业 a 的贷款额度，$\ln_i$ 表示银行 i 的总贷出资金额，$\ln_{ja}$ 表示银行 j 对企业 a 的贷款额度，$\ln_a$ 表示公司 a 所获得的贷款金额。银行竞合网络（$CCNet$）：利用银行与企业的银团与非银团信贷数据，在整理与清洗原始数据的基础上，通过 R 语言对银行间共同贷款合作次数进行循环计算。在此过程中，为了减少节点冗杂性并增加网络结果的可视性，本章将非标准化的二模网络数据转换为一模网络数据，即将银行与企业间关系数据，转换为银行与银行间的关系数据，具体关系转换如图 4-1 所示。

$$CWNet_{ij} = \sum_{i=1}^{k} \frac{\ln_{ia}}{\ln_i} \times \frac{\ln_{ja}}{\ln_a} \qquad (4-1)$$

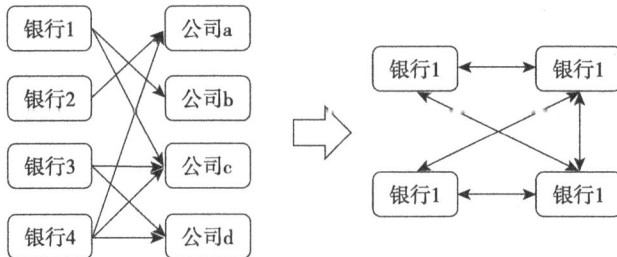

图 4-1 网络关系转换

4.2.2　银行数字金融发展测度

本章借鉴贺水金等（2022）的做法，利用各银行分行、支行的许可证及注册地信息作为该银行在省域内的数字金融发展权重，基于北京大学数字金融研究所与蚂蚁金服发布的数字金融发展指数，对当前省域数字金融指数进行修正，以测度各银行的数字金融发展水平。具体地，通过各银行在全国 31 个省域的分布情况构建模型来测算该指数。具体测度模型如下：

$$Df_i = \sum_{j=1}^{31} \frac{n_{ij} \times Le_{ij}}{\left(\sum n_i \times Le_i\right)_j} \times RDf_j \qquad (4-2)$$

其中，Df_i 表示各银行数字金融发展程度，n_{ij} 表示 j 省 i 银行机构数量，Le 表示银行机构级别（总行级别赋值为 3、分行级别赋值为 2、支行级别赋值为 1），RDf_j 为北京大学数字金融研究所测算的中国各省份金融发展指数。

4.2.3　实证模型构建

Krackhardt（1987）首次提出了用于研究矩阵间关系的二次指派程序（Quadratic Assignment Procedure，QAP）。它是通过对两个矩阵间的相似性进行比较来获得矩阵与矩阵间相关系数的一种方法。具体地，该程序将每个矩阵转换成长向量，对两个长向量之间的系数进行估计，随后对某一矩阵行及对应列进行随机置换，在对其进行几百甚至几千次重复后，得到相关系数分布并与首次得到的相关系数进行对比，来判断两矩阵间的关系。该方法不仅能够避免解释变量与控制变量之间存在的多重共线性问题（刘军，2010），同时能够满足对变量随机性检验估计的要求。因此，本章为了从网络角度以及银行间信贷关联视角来分析数字金融为银行业竞争所带来的影响，利用该方法对文章主题进行进一步研究。

为了多角度、更全面地探究数字金融发展给银行业竞争结构带来的影响，本章建立模型（4-3）、模型（4-4），分别研究数字金融与银行竞争和银行竞合的关系。其中 $CCNet$ 为模型（4－3）的被解释变量竞合网络，$WCNet$ 为模型（4－4）的被解释变量竞争网络，SZ 为解释变量数字金融发展程度，α 为常数项，β 和 γ 为变量系数，μ 为随机扰动项。同时，本章参考 Liu（2021）、Bolt 和 Humphrey（2010）、封思贤（2019）、唐文进（2016）等研究，在模型中加入控制变量（$Control$）：收益能力（ROA）、存款依存度（DR）、业务多元化（BD）及偿债能力（DPA）。变量及指标说明如表4－1所示。

$$CCNet = \alpha + \beta SZ + \gamma \sum Control + \mu \qquad (4-3)$$

$$WCNet = \alpha + \beta SZ + \gamma \sum Control + \mu \qquad (4-4)$$

表4－1　　　　　　　　　　　变量说明

变量符号	变量名称	指标
$CCNet$	银行间竞合	竞合关系网络
$WCNet$	对其他银行施加的竞争压力	加权竞争网络
Df	数字金融发展	两两银行数字金融指数差值
ROA	收益能力	两两银行资产回报率差值
DR	存款依存度	两两银行（存款/总资产）的差值
BD	业务多元化	两两银行（非利息收入/总收入）的差值
DPA	偿债能力	两两银行股东权益比率的差值

4.3　实证分析

4.3.1　样本选择

本章采用银企信贷数据对竞争进行刻画和实证检验，数据来源于 CSMAR 数据库和 Wind 数据库。同时，采用北京大学数字金融研究中心公布的省级数字金融发展数据对银行业数字金融进行测算。在数据处理过程中，对原始数据进行清洗、筛选并剔除缺失值。本章选取的数据样本为16家银行，包括北京银行（BJ）、光大银行（GD）、工商银行

（GS）、华夏银行（HX）、建设银行（JS）、交通银行（JT）、民生银行（MS）、南京银行（NJ）、宁波银行（NB）、农业银行（NY）、平安银行（PA）、浦发银行（PF）、兴业银行（XY）、招商银行（ZS）、中国银行（ZG）、中信银行（ZX）。样本期为2010年1月至2020年12月。该16家银行涵盖了我国所有国有商业银行、部分股份制商业银行，以及城市商业银行，资产总额占银行业总资产的60%以上。

为了对数字金融发展与银行竞争的关系进行稳健性检验和异质性分析，在处理过程中对其进行子样本划分。子样本共分为大型银行样本和中小型银行样本，其中，大型银行样本（子样本1）为五家大型国有商业银行，包括工商银行（GS）、建设银行（JS）、交通银行（JT）、农业银行（NY）、中国银行（ZG）。中小型银行样本（子样本2）为其余11家上市商业银行，包括北京银行（BJ）、光大银行（GD）、华夏银行（HX）、民生银行（MS）、南京银行（NJ）、宁波银行（NB）、平安银行（PA）、浦发银行（PF）、兴业银行（XY）、招商银行（ZS）、中信银行（ZX）。样本期内共计70506笔贷款数据，其中贷款企业共2871家。

4.3.2　数字金融发展与银行业竞争测度分析

各银行金融发展指数测度结果如图4-8所示。可以看出，无论是大型银行还是小型银行，银行的金融发展指数均呈现上升趋势，且大银行的数字金融发展指数总体上高于小型银行的金融发展指数。大型银行拥有更强大的资本力量、成熟的运营体系和运作方式，能更快地实现转型升级。中小银行数字金融发展相对滞后于大型银行，但部分中小银行发展势头迅猛，开始赶超部分大型银行。

银企贷款数据中包含银团贷款以及各银行独立贷款数据，既能有效地表征银行间合作，也能够说明其间竞争关系。本章基于社会网络模型，以合作贷款次数来表征银行之间的竞合，并以共同贷款次数作为竞合网络中连边权重，分别构建子样本1（大型银行）、子样本2（中小银行）及全样本竞合网络，如图4-2、图4-3、图4-4所示，其中以网络连边的宽度表示竞合权重。

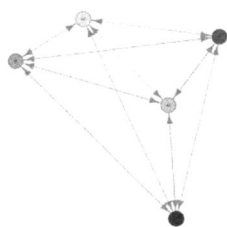

图 4 - 2　子样本 1 竞合网络

图 4 - 3　子样本 2 竞合网络

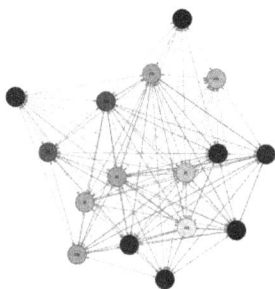

图 4 - 4　全样本银行竞合网络

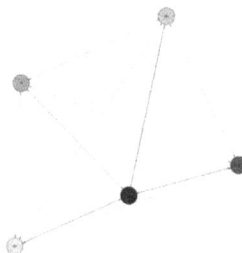

图 4 - 5　子样本 1 加权竞争网络

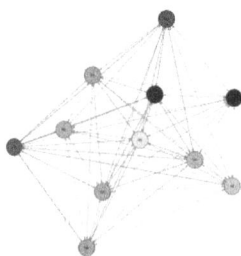

图 4 - 6　子样本 2 加权竞争网络

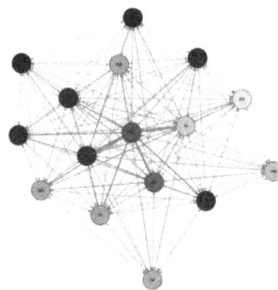

图 4 - 7　全样本银行加权竞争网络

从竞合网络可以看出，大型国有银行更易于与其他银行形成竞合关系。通过计算得到，2020 年子样本 1（大型银行）竞合网络的平均节点强度为 312721.2，全样本竞合网络的平均节点强度为 274228.9。即大型银行的平均节点强度远高于全样本的平均节点强度，这说明中小银行之间的竞合程度较弱于大型银行。同时，通过竞合网络的凝聚子群特征分析发现：在网络的演变中并没有形成大型银行与大型银行聚集、小型银行与小型银行聚集的网络特征，而是形成了大型银行与中小银行交叉聚集的关联群体。例如，中国银行、南京银行、招商银行形成了强连接子群。这表明大型银行与小型银行的共同客户与共同贷款不断上升，大型银行与小型银行的贷款相似性上升。大型银行服务大企业、小型银行服务小企业的格局正在逐步被改变。小型银行与大型银行越来越多地以银团贷款的形式服务实体经济，客观上降低了各银行的异质性风险，但是贷款相似性的上升可能会在一定程度上加剧系统性风险。

　　在竞合网络的基础上，基于以上市场共同度模型，以一模化银企信贷数据构建加权竞争网络。在加权竞争网络中，以市场共同度值来表征银行对其他银行的竞争压力，并以此作为网络连边的权重。从全样本网络可视化结果可以看出，大型银行的整体竞争压力较强并显著高于其他中小银行。另外，大型银行平均节点强度为 2.65，超过全样本平均节点强度 1.86。图 4 - 9 表明，五家大型国有商业银行竞争能力分别位列前五。

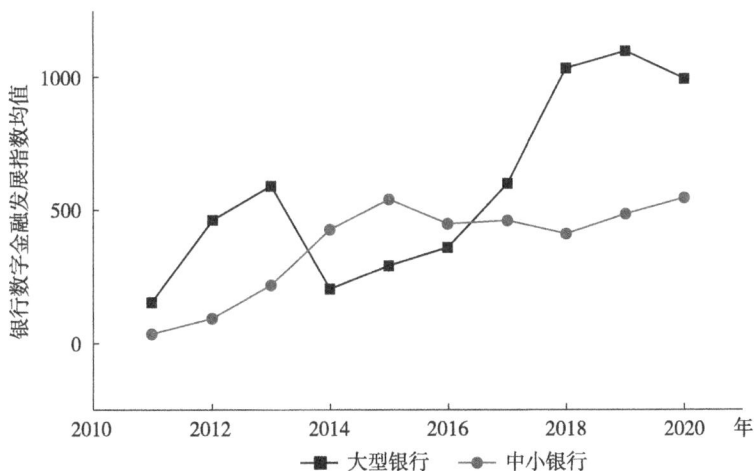

图 4 - 8　银行数字金融发展指数

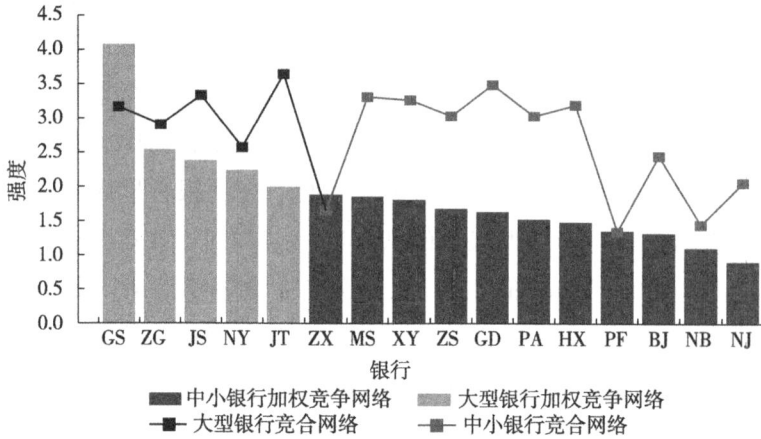

图 4-9　各网络中节点强度

4.3.3　实证检验

本章利用 QAP（二次指派程序）就银行业数字金融发展对银行业竞争的影响进行实证分析。为增强模型的准确性，将各变量矩阵随机置换10000 次进行估计。模型（4-3）和模型（4-4）估计结果分别如表 4-2所示，其调整后的判定系数分别为 14.2%、48.5%，这说明各个模型中的解释变量与控制变量分别能够解释竞合与竞争关系结构变化的 14.2% 和 48.5%。从整体回归结果来看：数字金融发展对银行业竞争具有正向的影响作用，各银行加速数字化转型与数字金融业务发展，有利于促进银行之间的竞争，这也进一步佐证了吴桐桐（2021）等学者的观点。具体地，模型（4-3）表明，数字金融发展、收益能力、业务多元化会促进银行之间的竞合。而银行存款依存度对银行竞合关系并无显著的影响。这说明在网络关系视角下，数字金融给银行带来了更多的合作机会，在一定程度上能够以更低的成本获得企业信息，创造更多的贷款合作渠道。模型（4-4）结果表明，数字金融发展、收益能力、业务多元化均能够显著地正向影响银行业竞争。这说明银行通过数字金融，不仅能够促进自身竞争实力的增强，也能够提高银行自身在整个网络系统中的地位。以上分析表明，数字金融对银行业竞争具有显著的正向影响作用。为了进一步解释该问题并检验上述回归结果的稳健性，下文分别对大型银行样本（子样本 1）和中小型银行样本（子样本 2）进行回归估计，见表 4 - 2 中模型（5）与模型（6），结果与全样本估计结果相似。对于大型银行来说，数字金融发展对大型银行间竞合关系并无显著影响，只与银行加权竞争网络有较显著相关性。对于小型银行而言，数字金融发展与中小型银行竞合和竞争均具有显著的影响。

　　为了考察各类型银行共同贷款的相似性，基于上述竞合网络对其节点度分布进行分析（见图 4 - 10），结果发现，各类型银行共同贷款对象增量呈波动上升趋势。结合回归结果可说明，数字金融发展在一定程度上加剧了中小银行的同质化竞争。

表 4 - 2　　　　　　　　　模型回归检验及稳健性检验结果

变量	模型（3）	模型（4）	模型（5）	模型（6）
all _ SZ	0. 4340 * (1. 1749)	0. 4950 *** (0. 0000)		
all _ roa	0. 1923 ** (4. 42392)	0. 2201 *** (0. 00223)		
all _ BD	0. 1692 * (0. 9185)	0. 2969 *** 0. 0004		
all _ DR	- 0. 2153 (9. 3119)	- 0. 0845 (0. 0022)		
S _ SZ			0. 3862 * (4. 3904)	0. 4769 *** (0. 0000)
S _ roa			0. 1071 (7. 2443)	0. 1370 * (0. 0000)
S _ BD			0. 0335 (1. 2113)	0. 3427 *** (0. 0000)
R^2	0. 1709	0. 5019	0. 1577	0. 5425
$Adj\ R^2$	0. 14203	0. 4846	0. 1081	0. 5156
观察项个数	240	240	110	110
随机置换次数	10000	10000	10000	10000

　　注："all _"前缀为子样本 2 变量标识、"S _"前缀为子样本 2 变量标识、SZ 为模型解释变量数字金融发展程度、BD 为业务多元化变量、ROA 为收益回报率、DR 为存款依存度、DPA 为偿债能力。

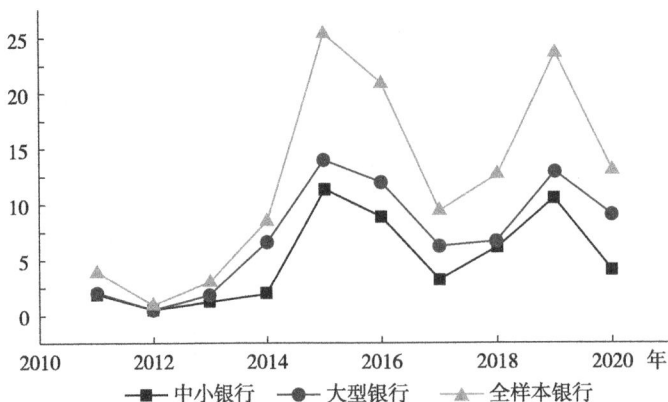

图 4 - 10　各银行样本竞合网络平均节点度分布

4.4　机制分析

前文实证结果表明，数字金融发展促进了银行业竞争，而银行业竞争的变化势必影响到其经营与业务。因此，我们可以通过银企信贷关系的演化分析数字金融发展对银行业竞争的影响机制。具体做法是，分别对 2010—2020 年各银行贷款投向企业数量、各银行新增客户中来自其他类型银行的企业数量、各银行新增贷款总额、各银行向企业贷款平均额进行统计和分析。

第一，数字化金融加剧了银行业的"内卷"，客观上促进了资本优化配置。通过各类型银行新增客户分析发现（见图 4 - 11），大型银行每年的新增客户群体中，来自上一年中小银行的客户数量呈上升趋势，而小型银行每年的新增客户中，来自上一年度大型银行的客户数量也呈上升趋势，表明数字金融发展加剧了银行业的"内卷"。大型银行与小型银行间客户流动或互换客观上表明，数字金融发展使得关系型贷款逐渐下降，而交易型贷款不断上升，数字金融提升了银行的定价能力与风险识别能力，提升了资金供求双方的匹配能力。

第二，数字化金融促进了银行业的"外卷"，数字金融扩大了银行服务实体经济的广度。各银行贷款投向企业数量统计结果表明（见

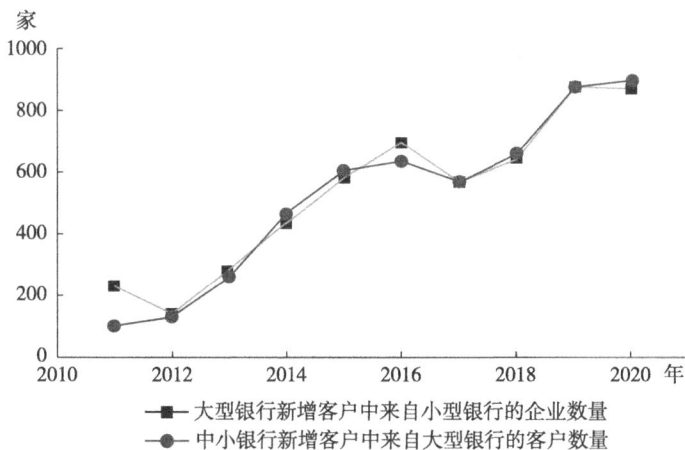

图 4 - 11　各类型银行新增客户中来自其他类型银行的企业数量

图 4 - 12），大型银行每年贷款投向企业数、小型银行每年贷款投向企业数以及全部银行每年贷款投向企业数均呈现显著的上升趋势，这意味着大型银行客户数的上升并不全是以小型银行客户数的下降为条件的，小型银行客户数的上升也不全是以大型银行客户数的下降为条件的，大型银行与小型银行间并不是零和博弈。进一步观察发现，大型银行与小型银行的客户数存在明显的协整关系，表现大型银行与小型银行间的竞争使得双方扩大了服务实体经济的范围与深度，银行服务边界扩大，进一步促进了各类型银行的获客能力和竞争力，数字金融服务实体经济成效显著，表明数字金融发展也促进了银行业的"外卷"。

　　第三，数字金融的发展提升了银行业服务实体经济的深度。各银行贷款总额的数据结果表明（见图 4 - 13），随着数字金融的快速发展，各类型银行对实体经济信贷支持不断加码，银行业竞争力的提升使得其能够满足更多的信贷需求。据各银行样本向各企业平均贷款额的统计结果可发现（见图 4 - 14），各类型银行向企业贷款的平均额度呈波动上升趋势。这说明在数字技术的推动下，各类型银行在提高自身竞争力的同时，加大了服务实体经济的力度。数字金融促进了银行服务能力的增强，有利于推动实体经济迈向高质量发展阶段。

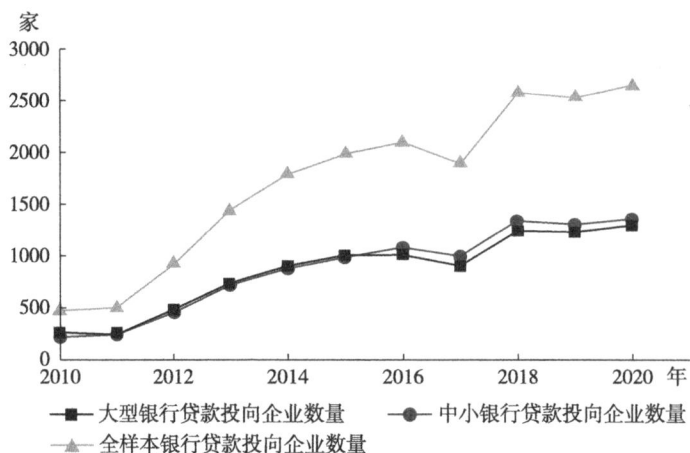

图 4 - 12　各类型银行贷款投向企业数量

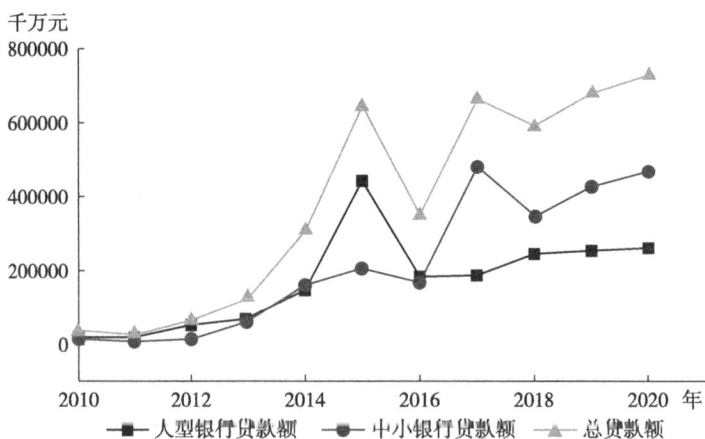

图 4 - 13　各类型银行贷款总额

综上所述，数字金融主要通过提高金融服务的普惠性，引导金融业务覆盖市场中被忽略的长尾部分，促进银行业整体竞争力的提升，并由此改善了银行业信贷结构，优化了信贷资源配置，从而提高了银行金融业务的整体效率。

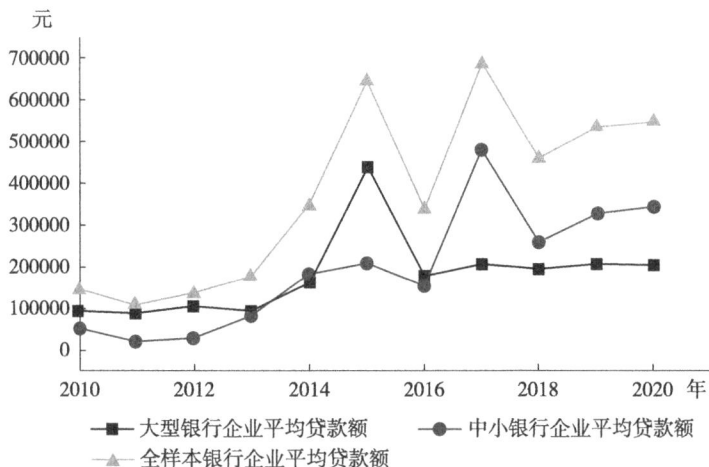

图 4 - 14　各类型银行向企业贷款平均额

4.5　本章小结

　　数字金融是否以及如何重塑银行业竞争是新时期金融治理的重要课题。本章基于银企信贷关系演化视角,采用社会网络方法构建基于银企共同贷款的竞合网络和基于共同度模型的加权竞争网络测度银行业竞争,使用银行注册地及许可证信息对省域数字金融指数进行修正测度银行数字金融发展水平。在此基础上,采用二次指派程序(QAP)实证分析了数字金融发展与银行业竞争的关系。研究发现,数字化金融促进了银行业竞争,表现为"内卷"与"外卷",使得银企关系型贷款逐渐下降,而交易型贷款不断上升,银行的定价能力与风险识别能力提升,银行业资本优化配置能力增强。大型银行与小型银行间的竞争使得双方扩大了服务实体经济的范围与深度,银行服务边界扩大,进一步促进了各类型银行的获客能力和竞争力,数字金融服务实体经济成效显著。数字金融主要通过提高金融服务的普惠性,引导金融业务覆盖市场中被忽略的长尾部分,促进银行业整体竞争力的提升,并由此改善了银行业信贷结构,优化了信贷资源配置,从而提高了银行金融业务的整体效率。值得注意的是，数字金融发展促进竞争的同时，银行信贷相似性上升，需警惕数字金融发展过程中可能带来的银行系统性风险。本章为银行业竞争治理、实现经济发展新格局提供了新思路。

第 5 章　商业银行数字化转型、银行业竞争与系统性风险

5.1　引言

系统性风险给金融市场带来的连锁反应，极有可能导致金融危机的爆发，从而给经济发展带来巨大的冲击。自党的十九大会议上，习近平总书记明确表示，我国要坚定不移地完成"健全金融监管体系，守住不发生系统性金融风险的底线"的重要任务至今，防范化解系统性金融风险一直是我国金融工作的主要任务。而从我国金融体系的结构来看，我国是银行导向型金融市场，银行在间接融资中的主导作用使其在我国金融市场中占据主要地位，这也导致我国金融体系中的绝大部分风险都集中在银行系统（杨子晖和李东承，2018）。因此，保障银行业安全稳健的发展，防范银行系统性风险的发生，对于维护我国金融体系的稳定和实体经济的发展至关重要。

近年来，随着大数据、人工智能等技术的不断发展，数字已经成为社会经济发展的主要驱动力。数字手段给许多传统行业带来了影响，与其他传统行业相比，其对金融行业的影响尤为明显（Brandl 和 Hornuf，2020）。一方面，区块链、物联网、智能投顾等数字技术能够给商业银行带来创新价值（Chen 等，2019），促进金融业的发展。另一方面，数字技术的飞速发展加速了市场的分流，导致商业银行利润降低（Li Zeng，2021）。例如，互联网理财、网络借贷等新型产品正在不断缩减商业银行的存贷业务，银行间竞争程度明显提高。因此，为应对数字化浪潮下数

字技术对商业银行的影响，我国银行业开始逐步加大对数字技术的投入，积极投身数字化转型的建设。自 2015 年 11 月兴业银行成立兴业数金子公司以来，截至 2021 年底，我国已经有 17 家银行成立了金融科技子公司，这其中包含 5 家国有商业银行、8 家股份制商业银行、2 家城商行，以及深圳农商行和广西壮族自治区农村信用社联合社。同时，有近二分之一的商业银行设立了金融科技、数字金融等业务部门。除此之外，我国上市商业银行中，超过一半的银行已与京东、腾讯、阿里等头部互联网企业达成了战略合作协议。正如《2021 中国金融科技企业首席洞察报告》中显示的那样，相比于其他金融行业，银行业的数字化转型程度和金融科技的应用程度明显更高。

《中华人民共和国国民经济和社会发展第十四个五年规划和 2035 年远景目标纲要》强调应"稳妥发展金融科技，加快金融机构数字化转型"。商业银行作为金融机构的重要组成部分，其数字化转型是应对金融科技发展和经营状况改变的必然选择（余明桂，2022），但在转型过程中其对系统性风险的影响具有两面性。一方面，数字化转型过程中，数字化技术的运用能够解除传统银行业在时间和地域方面的限制，减少银企间的信息沟通成本，打破商业银行的固化思维，扩大金融服务的范围。并在有效缓解银企间信息不对称的基础上，降低交易成本和违约风险等问题，减少系统性风险发生的可能，给经济发展带来巨大的正向效应。另一方面，数字技术的应用加深了银行间的关联程度，更易引发银行间的风险传染。同时，随着转型的深入，银行间的技术壁垒逐渐缩小，银行交易数据垄断的特性逐渐消失，这不仅加大了银行间竞争的可能性，也使得银行的盈利能力下降，促使银行为获取高额利润而加大对高风险项目的投入。由此更容易引发银行间的恶性竞争，影响金融市场的稳定。因此，关于商业银行数字化转型是否会加重系统性风险？数字化转型是如何影响系统性风险的？这些问题都需要进一步进行分析和实证检验。

本章收集整理了 A 股上市商业银行 2013 年至 2021 年的财务数据和年报数据，经筛选最终选取 31 家上市银行进行分析。通过文本分析和主成分分析等方法构建了商业银行数字化转型指标，并用 $\Delta CoVaR$ 作为银行系统性风险的代理变量。从竞争的角度，系统地分析了商业银行数字化转型对系统性风险的影响。研究发现，商业银行数字化转型加重了系统性风险发生的可能性。竞争程度的下降能够有效缓解数字化转型过程中对商业银行系统性风险的影响。同时，商业银行数字化转型过程中对系统性风险的促进作用具有异质性，其对规模较小、成立时间较短、非国有的上市商业银行的影响更为显著。

本章的研究对解决如何在谋求创新发展和推进改革的同时，预防银行业的同质化竞争，从而实现商业银行的稳健发展以及如何正确防范数字化转型给我国商业银行带来的风险，从而保障我国经济平稳、安全的运行等问题具有一定的意义。

5.2　文献综述

本章主要的研究内容是商业银行数字化转型对系统性金融风险的影响问题。考虑到本章的研究是基于银行业竞争视角进行的，因此在文献综述部分，主要梳理了商业银行数字化转型、银行业竞争与风险的相关文献。

5.2.1　商业银行数字化转型与银行风险

在数字化转型过程中，金融科技的运用不仅能给商业银行带来支付系统、信贷市场和保险等方面的创新（Anjan V. Thakor，2020），还可以通过引入专业平台、覆盖被忽视的客户群体、改善客户选择、降低银行运营成本、优化银行业务流程等方式给银行带来业务模式的改进（Virginia MĂRĂCINE 等，2020）。但数字化过程中也确实存在机构间关联性增强、转型同质化、监管滞后等问题。从风险的角度看，自 2008 年国际金融危机以来，系统性风险一直是学术界研究的重点。因此，考虑到商业银行在经济发展过程中的重要地位，以及转型过程中运用到的数字技术的特点，学者们开始重视数字化转型与商业银行风险之间的关系。

关于商业银行数字化转型与银行风险的相关问题，一部分学者认为银行数字化转型过程中数字技术的运用能够降低银行风险。首先，金融科技的运用能够有效降低银行的风险承担水平（胡灵，2022）。商业银行利用大数据等金融科技能够更有效地衡量客户的信誉（Debao 等，2022），缓解信贷活动过程中信息不对称的问题（邱志刚，2020），从而降低逆向选择和道德风险（Berg 等，2020）。其次，在大数据背景下，商业银行数据的收集、整理和运用使得相关贷款的审核速度更快，平均违约率更低（Fuster 等，2019），能够有效降低商业银行的破产风险。信息收集的成本下降，则有助于银行扩大自身的业务面。同时，创新技术的使用拓宽了普惠金融的服务广度和深度（郭峰等，2020）。最后，金融科技的发展还有助于推动商业银行市场势力的提升，降低银行的风险承担水平（李学峰和杨盼盼，2021）。

也有学者认为数字技术的运用会加重银行风险。第一，数字技术在一定程度上提升了银行的风险承担行为，由此可能会引发银行系统内部淤积大量的内生风险（方意等，2020），最终导致银行业的系统性风险问题（刘孟飞，2021）。第二，从金融创新的角度看，商业银行数字化转型过程实际上是金融工具的创新过程。而金融工具的创新过程本身就会引入系统性风险（Lee 等，2020）。第三，从银行资产类型来看，随着数字化的发展，中国银行体系不同资产类型的风险敞口表现出趋同的趋势，银行间的共性行为会加重风险的传染情况（Shi Qing 等，2022）。同时，数字技术的发展使得银行间的关联程度有所上升，加大了系统性风险发生的可能性（王道平等，2022）。第四，在商业银行数字化转型的过程中，传统金融监管体系并不能很好地检测具有去中心化特点的金融科技交易，进　步加大了系统性金融风险发生的可能（杨东，2018）。

当然，也有学者认为商业银行对互联网金融、金融科技等技术的运用与其风险之间不是简单的线性关系，而是有阶段性的。罗航等（2020）认为，金融科技对风险扩散的影响具有双重效应。一方面，金融科技通过缓解信息不对称的问题进而抑制风险的扩散；另一方面，金融科技又会加剧金融体系的脆弱性，从而导致风险传染能力加强。由于数字化转型是银行创新的一个方面，因此从银行创新的角度看，汤淳和刘晓星（2022）研究发现，银行创新与系统性风险之间的关系呈现出倒 U 形的非线性特征。而吴文洋等（2022）在构建剔除风险分散效应的 Wagner 两部门简化模型后却得出相反的结论，认为金融创新与银行系统性风险之间则是正 U 形关系。但两者均得出规模较小的银行其创新行为给系统性风险带来的影响更为显著的结论。关于小型银行对系统性风险的贡献程度问题，Huichen Jiang 和 Jun Zhang（2020）也得出了相似的结论，其以中国银行业为研究对象，研究了中国 16 家上市商业银行对系统性风险的贡献情况。结果发现，相较于某些国有商业银行而言，小型银行对系统性风险的贡献要更高。

5.2.2　商业银行数字化转型与银行竞争

数字技术的发展在推动我国商业银行数字化转型的同时，也推动了我国银行业竞争格局的变化。关于数字技术与银行竞争之间的关系，现有研究大致分为两种观点。

一部分学者认为数字技术的发展加大了银行间的竞争程度。从金融科技发展的外部环境来看，数字技术的发展在一定程度上挤占了银行原有的资产、负债和中间业务（封思贤，2019），增加了银行间的竞争程度，降低了传统银行的市场势力（牛华勇和闵德寅，2015）。而从商业银行内部的数字化转型来看，首先，数字化转型将银行部分业务从线下转到线上，提升了银行服务精准化程度，缩短了贷款处理时间。网点与员工人数的减少有助于规范银行间竞争的秩序，降低运营成本（Fuster 等，2019）。同时，线上运营模式有助于银行扩大自身服务范围，吸引更多客户，从而形成竞争策略并获得竞争优势（Kolodiziev 等，2021），有助于竞争水平的提升。其次，数字技术的应用给交易双方提供了前所未有的机会，交易成本降低以及客户信息的可传递性升高等特征，使得客户偏好多家银行的意愿增强（Son 等，2020），由此出现多家银行争相向同一优质企业发放贷款的情况，加大了银行间的竞争。

也有学者认为数字技术会降低银行间的竞争程度。首先，从马歇尔冲突看，数字技术给传统银行带来了规模经济（杜莉和刘铮，2022），提高了市场占有率，这不可避免地造成了市场垄断，减弱了银行间的竞争程度。其次，随着银行数字化转型的不断深入，战略联盟的形成则有助于提高银行在数字化金融服务领域的市场占有率，减少潜在的竞争对手，从而降低银行竞争程度（Dapp 和 Slomka，2015）。

5.2.3 竞争与银行风险

关于银行间竞争水平的提高是否会加重系统性风险，使得金融体系的脆弱性上升，依旧是一个值得研究的问题。对于商业银行竞争与银行风险之间的关系，学者们主要持两种观点。

一种观点是竞争脆弱性假说，认为银行间竞争会对系统性风险产生促进作用，进而影响金融系统的稳定性。银行间竞争能够缩窄商业银行的存贷利差、降低银行的盈利水平，这不仅促使银行加大批发性融资的投入（张琳等，2020）加剧金融的不稳定性，而且存贷利差收窄也会诱使银行降低信贷审核标准，进一步加大了违约风险发生的可能性，在一定程度上加大了系统性金融风险的积累（符林等，2020）。具体来说，从风险承担的角度看，学者们分析了印度尼西亚的商业银行（Erri 和 Buddi，2019）和越南的商业银行（Nguyen 和 Tran，2020）的竞争与风险之间的关系，研究发现，银行面临的竞争加剧时，往往会承担更多的风险，不利于金融系统的稳定。从银行共同性视角来看，银行间竞争的增加会促使银行更倾向于投资组合的多样化，增加银行间共同贷款的持有量（Hirata 和 Ojima，2020），银行共性行为增强（张晓明和赵玥，2022），加重了系统性风险的积累（Silva - Buston，2019）。而从我国银行业的特点看，我国银行业的进入壁垒较高，银行间的竞争可能会增加银行未来对银行产品的需求，进而加重系统性风险的积累（Xu 等，2019）。

另一种观点是竞争稳健性，认为银行间竞争会降低系统性风险，从而使整个金融市场更稳定。对于欧洲国家而言，银行竞争给系统性风险带来的负向影响，在有外资进入银行时变得更加明显（Faia 等，2019）。从我国银行体系来看，银行业竞争也存在降低系统性风险的情况

（Morelli 和 Vioto，2020；Su 等，2021），验证了竞争稳健性假说。

从文献梳理的结果可以看到，关于商业银行的数字化转型问题，学者们主要是从商业银行发展金融科技这一角度展开的，对于数字化转型问题的研究较少。同时，对于金融科技的发展与银行风险之间的关系问题，大多数的研究是从金融科技（罗航，2020）和金融创新（Lee，2020；汤淳和刘晓星，2022）的角度出发，对于直接分析数字化转型与系统性金融风险内容的研究还较为缺乏。从机制的角度来看，相关研究大多聚集在数字技术通过影响银行风险承担（刘孟飞，2021）、银行间关联性（王道平等，2022）进而对银行系统性风险产生影响这一角度进行分析，对于银行竞争是否会成为银行数字化过程中影响系统性风险的因素的研究较为缺乏。学者们虽然探讨了金融科技与银行竞争之间的关系，但将其与银行的系统性风险进行连接的相关研究还较少。同时，对于商业银行内部数字化转型过程中数字技术的应用给银行竞争带来的影响的相关研究较为不足。本章在现有研究的基础上，进一步从银行竞争的角度分析了商业银行数字化转型对系统性风险的影响。

5.3　理论分析与研究假设

创新性是数字化时代下经济发展的主要特征，银行业的数字化转型正是其运用新技术形成的对产品和服务等方面的创新。数字化转型在推动银行业发展的同时，也通过增强银行间的关联程度等方式加大了系统性风险发生的可能性。

5.3.1　商业银行数字化转型对系统性风险的理论分析

社会网络理论认为，社会参与者能够在社会网络系统中形成一系列关系和纽带。对于银行业而言，银行与银行之间、银行与企业之间都会形成一定的联系，从而形成一定的网络。随着网络关系的不断加强，银行间的关联性逐步增强，风险的传染和溢出效应更加明显，更容易引发系统性风险。商业银行数字化转型过程中，随着数字技术使用深度和应用广度的不断增加，银行间将逐步形成更多的相关节点，加速银行间系统性风险的传染与扩散。一家银行的风险行为极易导致其他银行间风险的交叉传染，从而加重诱发系统性风险的可能。具体而言，转型过程中所带来的业务模式的改变以及数字化转型的特点都有可能给系统性风险带来冲击。

从数字化转型的业务模式看，商业银行数字化转型将线下业务转移到线上，打破了银行过去所面临的时间和空间的限制。大数据、云计算等数字技术使得信息的获取更加便捷，在有效缓解信息不对称的同时，也加快了信息的传播速度。一家银行的风险事件会迅速传播发酵并给整个市场带来恐慌，这不仅可能会诱发投资者的非理性行为，也使得银行风险更加多样化，更易产生系统性金融风险。大数据、区块链等业务也将不同区域的金融系统联系起来，加强了地区间经济业务的紧密程度，促进了地区间风险的外溢（刘孟飞，2021），更易加重系统性风险的产生。

从数字化转型的特征来看，金融科技人才是银行顺利推动数字化转型的关键。现阶段，由于互联网金融公司等非金融机构的迅速发展，商业银行难以在科技人才的竞争中取得优势，其掌握核心技术的能力较差，难以应对新兴技术可能带来的风险问题。例如，新技术的应用可能会带来技术漏洞、算法失灵等问题（方意等，2020），而商业银行原本面临的金融风险仍然存在，这使得银行所面临的风险更加复杂。

因此，本章提出了第一个假设：

H1：商业银行数字化转型会加重银行系统性风险。

5.3.2 商业银行数字化转型对系统性风险影响的机制分析

商业银行的数字化转型，促进了银行内部移动支付、网络借贷、互联网理财等业务的发展，形成了一种全新的金融形态，数字技术特有的模式为传统金融业提供了新的竞争环境和新的竞争机会。商业银行发展过程中，只有选择相对于其他银行更有优势的策略，形成差异化发展，才能够在竞争中获利。现如今，我国银行业虽然正在积极推进数字化转型的进程，但不同银行数字化转型的程度有所差别。从数字化转型的进入时间来看，与最先开始进行数字化转型的银行相比，后加入的银行虽然存在一定的后发优势，可以学习先发银行在数字化转型方面的技术，降低自己研发过程中的不确定性。但是，在学习模仿的过程中，可能存在由于转型方式、转型结果的相似性而产生同质化问题。此时，银行丧失了自身的比较优势，难以在竞争中得到发展。

从转型方式看，现阶段我国银行业数字化转型主要分为自行开设数字化服务部门、建立金融科技子公司、与大型金融科技公司合作或者模仿已转型银行的发展模式四种类型。从转型结果看，就上市银行而言，截至 2021 年，在组织层面上，均设立了信息技术、金融科技等相关的新型科技部门；在管理层面上，除江苏张家港农商行、青岛农商行等银行外，大多数上市商业银行都设立了金融科技、数字化转型等相关委员会；在产品层面上，均推出了手机银行、微信银行、网上银行等数字化服务平台。数字化转型过程中的同质化现象，不可避免地带来了银行间的价格竞争。竞争虽然在一定程度上有利于银行信贷结构的调整，但相伴而来的却是银行过度追求信贷扩张的冒险行为（刘莉亚，2017）。

从转型过程中所使用的技术手段看，银行在数字化转型过程中所采用的算法和标准都较为统一，增强了银行间的行为趋同性。同时，技术手段的相似性在一定程度上加重了银行间贷款结构的相似性。这不仅使得同质化竞争问题更加明显，还有可能会带来经营的同振现象，进而使风险的传播速度变快，更易引发系统性风险。图 5 - 1 和图 5 - 2 分别为 2013 年和 2021 年我国上市银行对上市公司发放贷款的类型情况。

首先，从贷款银行的数量来看，2013 年，样本银行中只有 18 家上市银行发放贷款，而到 2021 年全部样本银行均开始向上市企业发放贷款。其次，从贷款类型看，2013 年各个银行的贷款类型还比较分散。而到 2021 年，各银行均以保证贷款为主，担保贷款和质押贷款次之。由此也表明，随着银行数字化转型的不断深入，银行间贷款类型的相似程度在不断增加，银行间的行为趋同性上升，同质化竞争明显，风险传染的可能性增强。

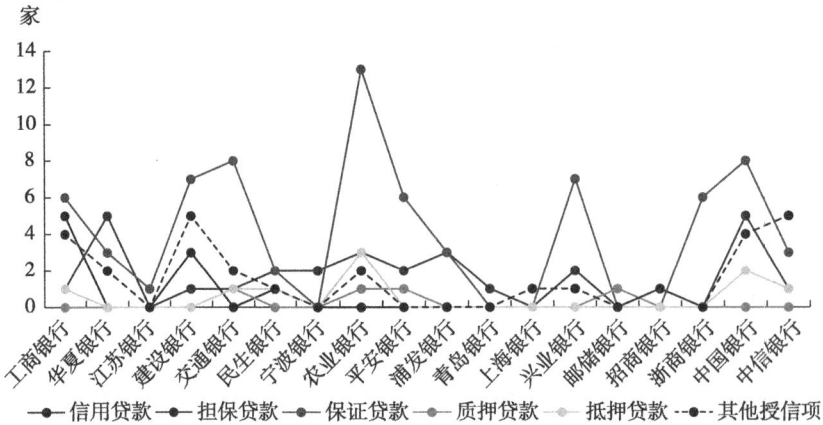

图 5 - 1　2013 年上市银行发放贷款情况

（数据来源：笔者根据国泰安数据库手动整理）

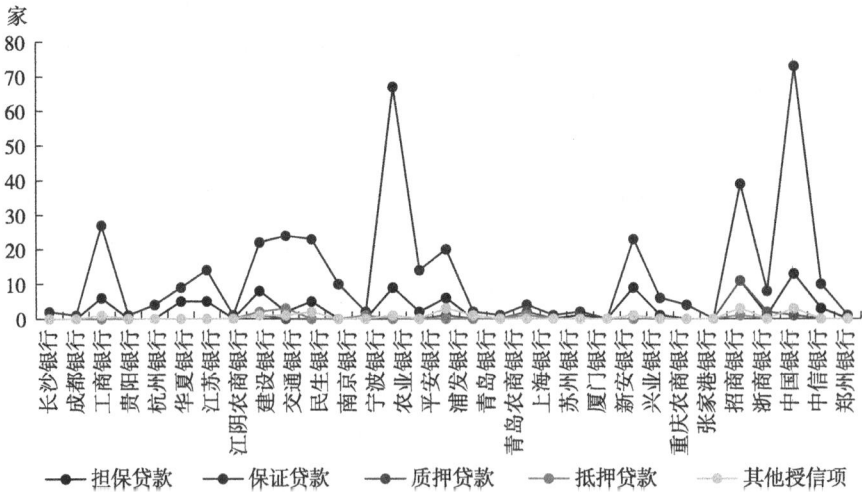

图 5 - 2　2021 年上市银行发放贷款情况

（数据来源：笔者根据国泰安数据库手动整理）

因此，基于以上分析，本章提出了第二个假设：

H2：商业银行数字化转型会通过加重银行间的竞争程度，进而增加其系统性风险。

5.3.3　商业银行数字化转型对系统性风险影响的异质性分析

由于我国商业银行在资产规模、企业年限、股权结构等方面有所不同。不同银行对于数字化转型的反应程度也有所差别，数字化转型对于其系统性风险的影响也存在一定的差异。对于资产规模较小的、成立年限较短的以及非国有的银行来说，其数字化转型工作大多仍处于起步阶段。同时，由于受到自身条件的限制，想要通过自主研发等方式进行创新从而实现数字化转型较为困难。因此，其大多采取模仿的形式来达到满足自身数字化转型的需求。虽然模仿可以有效防止银行在数字化转型过程中出现的决策失误等问题，但模仿带来的相似性问题加重了其与被模仿银行的同质化竞争，也更易产生风险传染现象。

从资产规模的角度看，一方面，随着数字化转型的不断深入，大小银行间软信息的收集差距不断缩小。规模较大的银行通过数字化转型提升自身软信息的获取和处理能力，使其业务触及更多的金融弱势群体，扩大了信贷规模（徐晓萍等，2021）。并凭借着自身优势，在一定程度上抢占了中小银行的优质客户，中小银行不得不面临更加严重的银行间竞争。另一方面，结合中国现阶段银行业发展的实际情况来看，不同规模的商业银行之间，在自主创新的能力以及得到的与科技公司合作的机会等方面都存在较大的差异，使得不同银行在行业竞争过程中所具有的竞争优势也有所不同。中小银行在数字化转型过程中，可能会出现产业竞争而引发的挤出效应的问题。此时，为了能够在保持盈利的基础上得到更好的发展，中小银行可能会出现采用高风险产品来获取高收益的行为，增加了中小银行发生系统性风险的可能。而从中小银行自身来看，与大银行相比，其数字化转型受限于资金、技术等因素，因此较多采用与金融科技企业合作的方式来开展数字化活动。这种过度依赖第三方科技公司的行为，使得不同行业的相关性提高，风险的交叉传染在一定程度上可能会带来系统性风险（刘孟飞，2021）。同时，中小银行监管体系的完备性较差，在数字化转型过程中更难有效防范数字技术带来的潜在风险。

从企业年限的角度看，成立时间较长的银行拥有稳定的客户，在风险管理方面也积累了一定的经验。在数字化转型的过程中，成立时间较长的商业银行能够较好地维持收益和识别风险。

从银行股权结构来看，国有商业银行的风险评估机制更加完善，数字化转型过程中选择的相关决策会更加理性。同时，其决策的执行能力较强，适应市场的速度较快。这可能会减弱数字化转型过程中所带来的系统性风险。而非国有商业银行由于资金不足、科技水平较低、自我调整能力较差等原因，在数字化转型的过程中，转型程度和结构难以与国有商业银行保持一致。导致非国有商业银行流失原本的优质客户，竞争程度加深，银行风险增加。

通过以上分析，本章提出了第三个假设：

H3：商业银行数字化转型对系统性风险的影响存在异质性。

H3a：与大型银行相比，小型银行的数字化转型会显著增加其系统性风险。

H3b：与成立时间较长的银行相比，成立时间较短的银行的数字化转型会显著增加其系统性风险。

H3c：与国有商业银行相比，非国有商业银行的数字化转型会显著增加其系统性风险。

5.4 研究设计

为进一步验证本章的假设研究，本章采用条件在险价值（$\Delta CoVaR$）衡量商业银行系统性风险。同时，通过文本挖掘、主成分分析等方法合成商业银行数字化转型指数，并建立双向固定效应模型进行检验。

5.4.1 数据的选取

截至 2021 年，我国已有 42 家商业银行在 A 股上市。在数据的选取方面，考虑到系统性风险的测算问题，本章剔除了瑞丰银行、齐鲁银行、上海农村商业银行和重庆银行共 4 家 2021 年上市的银行，以及 2022 年上市的兰州银行。同时，由于本章的数字化转型指标是通过文本分析等方式构建的，考虑到相关数据的获取问题，本章剔除了常熟银行、北京银行、光大银行、厦门银行、紫金银行和苏农银行共 6 家受年报限制的银行。因此，本章最终选取了 31 家 A 股上市银行，其中包括国有商业银行 6 家、股份制商业银行 8 家、城市商业银行 12 家、农村商业银行 5 家。其中，数字化转型数据通过银行年报、网页数据、银行官网等获得。有关于系统性风险测算中的债权收益率来自中国债券网，shibor 数据来自上海银行间同业拆放利率官网。其他变量主要来自 Wind 数据库、CS-MAR 数据库。

考虑到 2013 年为数字金融元年（顾海峰，2022）。因此，为探究商业银行数字化转型对系统性风险的影响，本章选取 2013—2021 年的数据进行分析。

5.4.2　变量的测算与说明

（1）被解释变量。关于系统性风险的测算，由于本章重点研究单个商业银行的风险溢出行为，因此本章选取 Tobias 和 Brunnermeier（2016）提出的条件在险价值（$\Delta CoVaR$）衡量商业银行系统性风险（刘孟飞，2021；汤淳和刘晓星，2022），并采用分位数 $CoVaR$ 模型进行计算，考虑到 $\Delta CoVaR$ 一般为负数，且绝对值越大代表系统性风险越高。因此，本章取 $\Delta CoVaR$ 的绝对值作为系统性风险的主要代理变量。同时，由于 SRISK 引入规模、杠杆率和风险等因素，能够更加全面地测算系统性风险。并且，其更适用于我国微观层面系统性金融风险的测度（陈湘鹏等，2019）。本章采用 Brownlees 和 Engle（2017）提出了系统性风险指数（SRISK）作为银行系统性风险的代理变量进行稳健性检验。

（2）解释变量。随着数字技术的不断发展，与数字化相关的指标的构建已经较为丰富。现阶段关于数字化相关数据的构建大致分为以下几种方式：一些学者采用北京大学数字金融普惠指数（孟娜娜等，2020；顾海峰和高水文，2022）。该指数虽然能够准确地反映当前各地区金融科技的发展状况，但其只聚焦的省级层面，不能很好地聚焦于银行本身。

也有学者采用文本挖掘的方式，利用百度搜索引擎构建互联网金融指数（沈悦和郭品，2015）。虽然原始词库能够很好地涵盖商业银行运用金融科技进行数字化转型的各个方面，但借助百度搜索的过程中可能存在着一条信息重复报道、信息内容不准确等问题，可能使测算结果的准确性下降。还有少部分学者从银行内部出发，采用专利权数量与软件著作权数量之和的方式（黎文靖和郑曼妮，2016）来衡量银行个体金融科技发展水平，但其测算方式不够完善。因此，本章采用第四种测算方式，通过借鉴北京大学互联网金融研究中心构建的互联网转型指数和张庆君等（2022）数字化转型指数的构建方法，在考虑银行数字化转型的特征后，借助 Python 爬虫功能对上市公司年报进行爬取，并进行相应的词频统计和主成分分析。从认知、组织、产品三个维度来构建商业银行数字化转型指数。

在认知层面，考虑到我国数字技术的不断发展，以及银行业数字化转型的情况。本章在已有研究的基础上加入"科技""线上""人工智能（AI）""5G""金融科技""生物识别""自动化"这七个词，并统计相关词汇在银行年报中出现的词频数，通过主成分分析构成商业银行数字化转型的认知层面的指标 D – cognition。组织层面，本章借鉴汪伟（2022）有关组织视角下商业银行数字化转型的分类方式，从领导层面规划与推动；新型科技部门的设置；线上服务等业务部门的设置；金融科技子公司的设置和科技人员配备这五个角度进行信息的整理，最终合成商业银行数字化转型的组织层面的指标 D – organization。产品层面，本章通过商业银行官网、商业银行年报等渠道，手工搜索了银行是否推出微信银行、手机银行、网上银行、远程银行和开放银行的信息，最终得到了产品层面的指标 D – product。

在形成分指标后，本章采用主成分分析的方法合成商业银行数字化转型的综合指标 Digitalize，并将其作为商业银行数字化转型的替代变量。各指标的具体构建方式见表 5 – 1。同时，本章将谢绚丽和王诗卉（2022）测算的银行数字化总指数作为商业银行数字化转型的替代变量进行稳健性检验。

表 5 – 1   商业银行数字化转型指标体系的构建

层面	依据	处理方法
认知	互联网、数字化、电子、大数据、区块链、云计算、物联网、人工智能（AI）、5G、金融科技、智能、生物识别、自动化、科技、线上	银行年报收集各关键词词频；词频标准化处理；提取主成分；主成分分析合成
组织	领导层面规划与推动、新型科技部门、线上服务型业务部门、金融科技子公司、人员配备	按照以下五个标准分别设置不同的虚拟变量： （1）是否在董事会或高级管理层设立数字化转型委员会、金融科技发展委员会、金融科技办公室等管理层面的相关机构。 （2）是否开设金融科技部、软件开发中心、数据中心、数据管理部、信息技术部、科技开发中心、金融科技研究院、数据银行部等新型科技部门。 （3）是否开设网络金融部、线上中心、零售金融部、网金及财富管理事业部、场景开发运营部、直销银行部等业务部门。 （4）是否成立金融科技子公司。 （5）年报中是否强调有金融科技研究队伍，引进科技人才、信息技术人员、信息科技人员。 合成分指标：最大值为 1，最小值为 0
产品	微信银行、手机银行、网上银行、远程银行、开放银行	通过手工搜索银行年报、银行官网，使用网络爬虫技术确定银行是否有以上五种产品。 合成产品层面分指标：最大值为 1，最小值为 0

（3）中介变量。本章从商业银行数字转型的同质化角度，探讨银行竞争渠道的中介效应。对于商业银行竞争程度的刻画，本章借鉴 Angelini 和 Cetorelli（2003）的研究方法，通过勒纳（Lerner）指数来衡量商业银行的竞争程度，具体计算公式如下：

$$Lerner_{it} = \frac{P_{it} - MC_{it}}{P_{it}} \qquad (5-1)$$

其中，P_{it} 为银行产出的价格，由总收入比总资产来衡量。MC_{it} 为银行的边际成本，通过超越对数成本函数推导得到。新产业组织理论认为，勒纳指数表示企业获得超额利润的能力。勒纳指数越大，表明商业银行获得超额利润的能力越强，银行竞争程度越低。同时，由于边际成本低于产品价格，故勒纳指数小于 1。

（4）控制变量。关于控制变量，通过借鉴现有研究，本章从商业银行微观层面和宏观层面两个角度进行控制变量的选取。对于商业银行微观特征方面，借鉴郭晔和赵静（2017）、王道平等（2022）和吴文洋（2022）的相关研究，最终选取核心资本充足率（car）、盈利能力（ROA）、企业年限（age）、规模（Lnsize）和非利息收入占比（Nir）这五个指标。考虑到银行个体主动的风险承担水平会对系统性金融风险产生影响，因此借鉴顾海峰和于家珺（2019）的相关研究，采用风险加权资产比率作为衡量银行主动风险承担的指标。宏观层面参考吴文洋（2022）的研究，选取宏观经济增长率（ggdp）、通货膨胀率（cpi）作为宏观层面的控制变量。具体的变量及定义如表5－2所示。

表5－2 变量定义及说明

变量类型	变量符号	变量名称	变量说明
被解释变量	DeltaCovar	银行系统性风险	基于分位数 CoVaR 测算的条件在险价值
解释变量	Digitalize	银行数字化转型指数	主成分分析合成，具体方法见表5－1
中介变量	Lerner	银行竞争程度	勒纳指数，具体测算见式（5－1）
微观控制变量	car	资本充足性	核心资本充足率
	ROA	盈利能力	商业银行资产收益率
	age	企业年限	企业成立年限与统计年度之差
	Lnsize	规模	总资产规模取对数
	Nir	非利息收入占比	非利息收入/总资产
	risk	风险加权资产比率	风险加权资产/总资产
宏观控制变量	ggdp	宏观经济增长率	GDP 同比增长率
	cpi	通货膨胀率	采用消费者价格指数表示

注：表中通货膨胀率为省级数据，宏观经济增长率为地市级数据，其余数据均为银行个体层面数据。

5.4.3 模型的构建

为了更好地探究商业银行数字化转型与系统性风险的影响，同时，充分考虑到影响商业银行系统性风险的随机变量中，可能存在个体固定效应和时间固定效应，本章构建了一个非平衡面板数据的双向固定效应模型，作为本章的基准回归模型，如下所示：

$$\mathrm{DeltaCovar}_{i,t} = \alpha_0 + \alpha_1\,\mathrm{Digitalize}_{i,t} + \beta_1\,\mathrm{Controla}_{i,t} + \beta_2\,\mathrm{Controlb}_{i,t}$$
$$+ \mu_i + \tau_i + \varepsilon_{i,t}$$

$$(5-2)$$

其中，i 和 t 分别为银行和年份；$DeltaCovar_{i,t}$ 为银行 i 在第 t 年的系统性风险；$Digitalize_{i,t}$ 为银行 i 在第 t 年的数字化转型程度；$Controla_{i,t}$ 为银行微观层面的控制变量；$Controlb_{i,t}$ 为宏观经济环境的控制变量；μ_i 为个体固定效应；τ_i 为时间固定效应，ε_{it} 为随机误差。

5.4.4　变量的描述性统计

为了缓解异常值对实证分析的影响，本章对连续型变量进行了 1% 的缩尾处理，最终得到的非平衡面板数据的描述性统计结果见表 5-3。从系统性风险来看，均值为 1.375，最大值为 3.575，最小值为 0.370。这表明，观测期间商业银行系统性风险水平具有一定的两极分化趋势，不同银行之间的系统性风险存在一定的差异。从数字化转型的角度来看，商业银行数字化转型程度不高。从银行竞争的角度看，勒纳指数的最大值为 0.812，最小值仅为 0.009，银行间的竞争水平存在着明显的差异。

表 5-3　　　　　　　　　　变量的描述性统计

变量名	均值	中位数	最大值	最小值	标准差	观测数
DeltaCovar	1.375	1.362	3.575	0.370	0.619	188
Digitalize	2.181	2.023	4.087	0.176	1.050	188
Lerner	0.388	0.343	0.812	0.009	0.201	188
Lnsize	28.669	28.928	31.138	25.418	1.542	188
age	24.069	24.000	37.000	8.000	6.833	188
ROA	0.937	0.924	1.443	0.515	0.200	188
car	10.091	9.605	14.020	7.990	1.579	188
risk	0.651	0.649	0.781	0.071	0.081	188
Nir	25.803	26.637	45.720	5.823	8.445	188
ggdp	8.885	9.129	15.977	1.855	3.178	188
cpi	102.041	101.900	103.400	100.300	0.678	188

5.5 实证分析

5.5.1 基准回归

表5-4为商业银行数字化转型对银行系统性风险影响的基准回归结果，其中列（1）到列（4）分别为未加入控制变量、只加入银行层面的控制变量、只加入宏观层面的控制变量和加入所有控制变量的回归结果。从双向固定效应的回归结果可以看出，引入一系列控制变量前后，回归系数的符号方向和显著性水平均保持一致，表明此模型的回归结果保持稳健。从具体的回归结果来看，数字化转型的系数在1%的水平上显著为正，表明随着银行数字化转型程度的增大，其对系统性风险的贡献程度增加。银行数字化转型指数每增加1，银行系统性风险的贡献程度就将增加10.2%。这支持了本章商业银行数字化转型能够加重银行系统性风险的预期判断。具体原因可能是，银行数字化转型过程中，大数据、云计算等数字技术的应用，使得银行间的关联性不断增强，风险的传播速度增加，更易引发银行系统性风险。这一结果与前文的理论分析相符，本章的假设 H1 得以验证。

表5-4　　　　　　　　　　基准模型回归结果

变量	被解释变量：*DeltaCovar*			
	（1）	（2）	（3）	（4）
Digitalize	0.102 ** (2.73)	0.115 *** (4.22)	0.111 *** (3.25)	0.123 *** (4.85)
Lnsize		0.368 ** (2.17)		0.338 * (1.97)
age		−0.071 (−0.61)		−0.096 (−0.73)
ROA		0.812 *** (2.88)		0.747 *** (3.01)

续表

变量	被解释变量：*DeltaCovar*			
	（1）	（2）	（3）	（4）
car		0.045 **		0.048 **
		(2.19)		(2.50)
risk		0.242		0.155
		(0.99)		(0.69)
Nir		− 0.002		− 0.001
		(− 0.72)		(− 0.21)
ggdp			− 0.017 **	− 0.020 ***
			(− 2.09)	(− 3.27)
cpi			0.107 ***	0.081 ***
			(3.19)	(2.82)
_ cons	1.504 ***	− 8.968 *	− 9.315 **	− 15.726 ***
	(24.64)	(− 1.71)	(− 2.74)	(− 2.90)
个体固定效应	Yes	Yes	Yes	Yes
年份固定效应	Yes	Yes	Yes	Yes
R^2	0.873	0.896	0.881	0.902
N	188.000	188.000	188.000	188.000

注：括号内为 *t* 值；*** 、** 、* 分别表示在 1%、5%、10% 水平上显著。

5.5.2　基准回归结果的稳健性分析

（1）内生性检验。本章主要研究商业银行数字化转型对系统性风险的影响，考虑到银行系统性风险可能存在时间上的连续性，为了缓解内生性问题，本章在模型中纳入银行系统性风险的一阶滞后项，通过 Blundell 和 Bond（1998）提出的系统广义矩（SYS－GMM）估计方法对模型（5－2）进行回归，结果如表 5－5 所示。其中，列（1）到列（4）分别为未加入控制变量、只加入银行层面的控制变量、只加入宏观层面的控制变量和加入所有控制变量的回归结果。

表 5 - 5 内生性检验（SYS - GMM）

变量	被解释变量：DeltaCovar			
	（1）	（2）	（3）	（4）
$L. DeltaCovar$	0.664 ***	0.592 ***	0.641 ***	0.596 ***
	（8.80）	（8.15）	（8.04）	（8.44）
$Digitalize$	0.096 ***	0.086 **	0.113 ***	0.084 **
	（3.26）	（2.18）	（3.65）	（2.14）
$Lnsize$		0.000		0.008
		（0.01）		（0.30）
age		−0.001		−0.001
		（−0.37）		（−0.36）
ROA		0.505 ***		0.501 ***
		（3.14）		（3.22）
car		−0.039 **		−0.044 ***
		（−2.47）		（−2.74）
$risk$		0.026		−0.025
		（0.08）		（−0.08）
Nir		0.003		0.003
		（1.07）		（1.19）
$ggdp$			−0.004	−0.018
			（−0.52）	（−1.46）
cpi			0.087	0.080 *
			（1.46）	（1.73）
$\_cons$	0.156 **	0.170	−8.803	−8.074
	（1.99）	（0.27）	（−1.45）	（−1.64）
$ar2 - p$	0.190	0.288	0.110	0.369
$Sargan - p$	0.247	0.645	0.105	0.556
N	157.000	157.000	157.000	157.000

注：括号内为 Z 值；***、**、*分别表示在 1%、5%、10% 水平上显著。

从表 5 - 5 中可以看到，增加控制变量前后，商业银行数字化转型对银行系统性风险均存在显著的正向影响。同时，系统性风险的一阶滞后项的影响也是显著为正的，这表明商业银行的系统性风险具有一定的积累性。以上结果与基准回归基本保持一致，进一步证实本章的假设 H1 的合理性。

（2）其他稳健性检验。本章参考刘孟飞（2021、2022）的研究方法进行稳健性检验。一是替换被解释变量，将系统性风险指数（SRISK）作为被解释变量的替代变量。二是替换核心解释变量，将谢绚丽和王诗卉（2022）测算的银行数字化总指数（D_T）作为商业银行数字化转型的替代变量。三是调整控制变量，将核心资本充足率（car）替换为资本充足率（Caprate），将资产收益率（ROA）替换为净资产收益率（ROE），同时加入宏观层面的货币供应量（m2）。四是缩短样本区间，考虑到2019年末的新冠肺炎疫情可能会对商业银行产生一定的影响，此处将原样本区间从2013—2021年调整为2013—2019年进行回归。将以上变化分别纳入式（5-2）进行回归，回归结果如表5-6所示。其中，列（1）到列（4）分别为替换被解释变量、替换特性解释变量、调整控制变量和更改样本区间的回归结果。

表 5-6　　　　　　　　　　　稳健性检验结果

变量	（1）	（2）	（3）	（4）
	被解释变量：SRISK		被解释变量：DeltaCovar	
Digitalize	7. 899 **		0. 129 ***	0. 121 ***
	(2.19)		(4.68)	(3.62)
D_T		0. 002 *		
		(1.71)		
控制变量	Yes	Yes	Yes	Yes
_cons	-1926. 475 **	-21. 414 ***	-16. 613 *	-12. 985
	(-2.54)	(-3.13)	(-1.87)	(-1.64)
个体固定效应	Yes	Yes	Yes	Yes
年份固定效应	Yes	Yes	Yes	Yes
R^2	0. 337	0. 894	0. 894	0. 913
N	188. 000	188. 000	188. 000	126. 000

注：括号内为 t 值；***、**、*分别表示在1%、5%、10%水平上显著。

从表5-6的回归结果可以看出，首先，在以上四种情形中，银行数字化转型系数的估计结果均为正。其次，除列（1）、列（2）的显著性有所下降以外，列（3）、列（4）的估计结果均在1%的显著性水平下显著。而列（1）、列（2）在分别替换被解释变量和核心解释变量后，虽然数字化转型指标的显著性有所下降，但仍然分别在5%和10%的水平上通过了显著性检验。此结果能够说明商业银行的数字化转型与银行的系统性风险之间是存在正相关关系的。与前文所列的回归结果相比，四组稳健性检验的回归结果与基础回归相似，总体上看，本章的估计结果较为稳健，进一步证实本章的假设H1成立。

5.6　进一步研究

5.6.1　整体分析/网络分析

商业银行在数字化转型的过程中，随着大数据、区块链等数字技术的运用，信息传播的速度和广度不断加大，银行间的信息共享程度得到提高。从银行发放贷款的角度看，数字技术使得银行软信息的获取能力不断增强，这不仅有效缓解了银企间的信息不对称问题，同时提升了银行通过软信息发放贷款的技术优势（李华民和吴非，2019）。数字化不仅加速了信息的传播速度、降低了银行间软信息的收集差距。同时，由于我国银行业数字化转型仍处在初期探索阶段，银行间的数字化转型存在极大的同质性，使得数字技术给不同银行提供的获取信息的渠道相类似，这极有可能会出现不同银行向同一家优质企业发放贷款的情况，加大了银行间贷款的相似程度。银行间贷款客户的相似性加大了银行间的关联程度，更易诱发系统性金融风险。因此，本章分析了我国上市银行2013年到2021年的贷款数据，将同年中对相同上市企业发放贷款的银行提取出来，并形成网络图来观察银行间的贷款相关性。图5-3和图5-4分别为2013年和2021年我国上市商业银行向相同上市企业发放贷款的网络图。

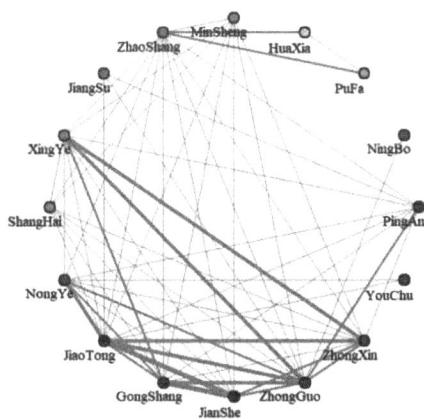

图 5-3 2013 年上市银行贷款相关性网络

（数据来源：笔者根据国泰安数据库手动整理）

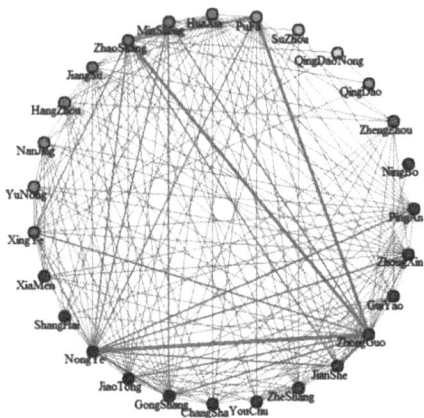

图 5-4 2021 年上市银行贷款相关性网络

（数据来源：笔者根据国泰安数据库手动整理）

由图 5-3 和图 5-4 可以看到，与 2013 年相比，2021 年网络图中新增了很多新的银行，关联节点数增多，表明银行间的关联性变得更加复杂。同时，从每一个个体来看，同一家银行不同年份的关联企业数显著增加，说明银行间发放相同贷款的企业数量增加，银行间的关联性提升，更易出现银行间风险传染的现象，符合前文假设 H1 的预测。

5.6.2 机制检验

从上述基准回归的结果可以看到，银行数字化转型对其系统性风险有正向的促进作用。而在商业银行数字化转型的过程中，可能存在转型的同质化加重银行间的竞争程度，进而加重商业银行系统性风险的情况。因此，有必要进一步研究数字化转型对商业银行系统性风险的影响机制是什么？银行业竞争是不是商业银行数字化转型加重其系统性风险的重要因素？为了更好地探究相关问题，本章借鉴温忠麟（2004）的研究方法构建中介效应模型，具体模型如下：

$$\text{DeltaCovar}_{i,t} = \alpha_0 + \alpha_1 \text{Digitalize}_{i,t} + \theta_i \text{Control}_{i,t} + \mu_i + \tau_i + \varepsilon_{i,t}$$

$$(5-3)$$

$$\text{Lerner}_{i,t} = \gamma_0 + \gamma_1 \text{Digitalize}_{i,t} + \theta_i \text{Control}_{i,t} + \mu_i + \tau_i + \varepsilon_{i,t}$$

$$(5-4)$$

$$\text{DeltaCovar}_{i,t} = \beta_0 + \beta_1 \text{Digitalize}_{i,t} + \beta_1 \text{Lerner}_{i,t} + \theta_i \text{Control}_{i,t}$$
$$+ \mu_i + \tau_i + \varepsilon_{i,t}$$

$$(5-5)$$

其中，$Lerner_{i,t}$ 为商业银行的竞争程度，其余的变量与式（5-2）保持一致，回归结果见表 5-7。

表 5-7 中介效应检验

变量	步骤二 Lerner	步骤三 DeltaCovar
$Digitalize$	-0.013** (2.23)	0.113*** (1.37)
$Lerner$		-0.722* (-1.90)
控制变量	Yes	Yes
$\_cons$	1.782 (1.26)	-14.439** (-2.67)
个体固定效应	Yes	Yes

续表

变量	步骤二 Lerner	步骤三 DeltaCovar
年份固定效应	Yes	Yes
R^2	0.875	0.903
N	188.000	188.000

注：表 5-4 中列（4）已经给出了中介效应检验的步骤一的回归结果。在表 5-4 中，商业银行数字化转型与系统性风险成显著的正相关关系，中介效应的第一步成立，可以进行第二、第三步的检验。同时为避免重复输出结果，本表只报告步骤二和步骤三的检验结果。括号内为 t 值；***、**、*分别表示在 1%、5%、10% 水平上显著。

从表 5-7 的结果可以看到，在步骤二中，商业银行数字化转型对 Lerner 指数的影响在 5% 的显著性水平上为负。由于 Lerner 指数反映商业银行获得超额利润的能力。因此，Lerner 指数越小，商业银行竞争程度越大。由此可以得出，商业银行数字化转型是在 5% 的水平上显著增加银行竞争的，即数字化转型会增加商业银行的竞争程度。在步骤三中可以看到，商业银行数字化转型的回归系数在 1% 的显著性水平上为正，Lerner 指数的回归系数在 10% 的显著性水平上为负。以上各个步骤均符合中介效应模型的检验条件，表明银行竞争程度在商业银行数字化转型对系统性风险的影响中起到了中介作用。由于步骤三中的 Lerner 指数的回归系数在 10% 的水平上显著，因此竞争程度起到了部分中介效应的作用，即商业银行数字化转型通过增加银行间的竞争程度，进而促进了商业银行的系统性风险。这与前文的理论分析一致，验证了本章的假设 H2。

5.6.3　异质性分析

由于我国商业银行在规模、类型等方面有其自己的特点。数字化转型的过程中，不同特征的商业银行，其系统性风险所受到的影响也可能存在差异。因此，本章参考杜莉和刘铮（2022），以及王道平等（2022）的研究方法，从以下三个角度进行异质性分析。一是银行规模的异质性，使用商业银行总资产的对数形式（lnsize）衡量商业银行的总体规模。将大于所有样本中位数的观测值取为1，反之取为0。二是银行成立年限的异质性，使用企业年限（age）作为银行成立时间长短的衡量方法。将大于所有样本中位数的观测值取为1，反之取为0。三是银行产权性质的异质性。将样本分为国有商业银行和非国有商业银行两组进行分析。分组检验结果如表5-8所示。

表5-8 异质性检验

变量	资产规模		成立年份		产权性质	
	≥中位数 (1)	<中位数 (2)	≥中位数 (3)	<中位数 (4)	国有 (5)	非国有 (6)
Digitalize	0.029 (0.63)	0.109** (2.33)	0.034 (0.72)	0.126*** (3.21)	0.205** (2.99)	0.117*** (3.66)
控制变量	Yes	Yes	Yes	Yes	Yes	Yes
year	Yes	Yes	Yes	Yes	Yes	Yes
bank	Yes	Yes	Yes	Yes	Yes	Yes
R^2	0.938	0.899	0.915	0.931	0.959	0.887
N	101.000	87.000	90.000	98.000	47.000	141.000

注：括号内为 t 值；***、**、* 分别表示在1%、5%、10%水平上显著。

从表5-8可以看到，对于商业银行的资产规模而言，资产规模小的商业银行其数字化转型的回归系数在5%的水平上显著为正；而资产规模大的银行，虽然数字化转型对系统性风险产生正向影响，但这种影响并不显著。对于银行的成立年限而言，成立时间较短的商业银行的数字化转型会对其系统性风险带来显著的正向影响；而成立时间较长的银行，数字化转型给系统性风险带来的正向影响并不显著。从产权性质来看，国有商业银行和非国有商业银行在数字化转型对其系统性风险的影响方面都有显著的正向作用，但相比较而言非国有商业银行的显著性水平更高。以上结论与前文的理论分析一致，验证了本章的假设H3a、假设H3b和假设H3c。

5.7 本章小结

数字化转型工作的推进，不仅为我国商业银行的发展带来机遇，也使银行面临更大的挑战。本章以 2013—2021 年我国 31 家上市商业银行为样本，研究了商业银行数字化转型对系统性风险的影响。实证研究发现，商业银行数字化转型加重了银行间的关联程度，进而加重了银行的系统性风险水平。数字化转型过程中转型方式、转型手段、转型结果的同质化问题，提高了商业银行的同质化竞争，进而加重了系统性风险产生的可能性。竞争程度的下降能够有效降低数字化转型过程中对商业银行系统性风险的影响。同时，商业银行数字化转型过程中对系统性风险的促进作用具有异质性，对规模较小、成立时间较短、非国有的上市商业银行的影响更为显著。

第6章　地理复杂性对系统性风险影响的实证研究

6.1　引言

　　防范系统性金融风险的发生是经济运行的底线[①]，也是银行业更好地服务实体经济的基础。复杂性是系统性金融风险的重要特征。为应对系统性金融风险，无论是《巴塞尔协议Ⅲ》还是我国银保监会颁布的《系统重要性银行评估办法》，均将复杂性纳入衡量银行系统重要性的指标体系。现有研究认为，复杂性包括银行业务多样性和银行活动的地理分散性，即业务复杂性和地理复杂性（Cetorelli 和 Goldberg，2014），其中地理复杂性主要刻画银行分支机构的地理分散程度，具体表现为银行的跨区域经营[②]。加入世界贸易组织后，我国出台了一系列相关政策。2006 年 2 月，银监会出台《城市商业银行异地分支机构管理办法》，通过对资产规模、资产质量、盈利能力等的限制开启了城市商业银行的跨区经营许可。2009 年，银监会颁布的《中小商业银行分支机构市场准入政策的调整意见（试行）》，放宽准入条件，仅保留了资本充足率与跨区经营经验等关键指标。2016 年，银监会将跨区经营对象由城商行扩大到农商行，印发了《关于做好 2016 年农村金融服务工作的通知》，鼓励优质农商行跨省设立分支机构。但是，2019 年初政策出现转向，银保监会

[①]　党的十九大报告指出，防范不发生系统性风险是底线。

[②]　2017 年 4 月，人民银行召开的金融稳定工作会议提出"将防范跨行业、跨市场的交叉性金融风险作为维护金融稳定的重点领域"。

提出了"严格审慎开展综合化和跨区域经营，原则上机构不出县（区）、业务不跨县（区）"的要求。2020 年 10 月，则全面叫停了各类型商业银行的跨区经营行为。那么，如何解释我国跨区经营的政策演化？银行地理复杂性是否会影响银行系统性风险？银行地理复杂性对系统性风险的影响是线性的还是非线性的？地理复杂性影响系统性风险的机制是什么？结合我国具体情况研究银行跨区域经营带来的地理复杂性对系统性风险的影响具有极其重要的现实意义。

本章结构如下：第二部分为文献述评；第三部分为研究设计；第四部分为实证研究；第五部分为机制研究；第六部分为讨论；第七部为分结论与建议。

6.2　文献回顾

6.2.1　地理复杂性的概念演化

复杂性的概念最早可追溯至 20 世纪 80 年代（Nicolis，1989）。在这之后，Hausmann 等（2011）将复杂性这一概念引入经济领域，认为经济复杂性衡量了一国产出中的知识含量与结构。2008 年国际金融危机使人们认识到金融复杂性对系统性风险的影响，并引起各国金融界对系统重要性金融机构的重视，逐渐建立了以系统重要性银行为主要监管对象的宏观审慎监管机制（Goldberg 和 Meehl，2020；Antill 和 Sarkar，2018）。在评价系统重要性银行时，《巴塞尔协议Ⅲ》以及我国银保监会颁布的《系统重要性银行评估办法》均将复杂性这一指标纳入系统重要性银行评价及监管体系中。Cetorelli 和 Goldberg（2014）首次对银行复杂性进行了界定：银行业务类型和内部层级结构的多元化程度，从而将复杂性划分为业务复杂性和组织复杂性。其中，地理复杂性是组织复杂性的重要组成部分，具体体现在银行跨区域经营。现有政策以及现有研究多侧重于业务复杂性（朱波等，2016；Palia 和 Dong，2020；张晓玫和毛亚琪，2014），而对地理复杂性的重视不够（Buch 和 Goldberg，2021）。随着金融自由化以及对银行放松管制，我国银行的地区分布更广，银行地理分散程度更强，地理复杂性上升（Cetorelli 和 Goldberg，2014；Cardozo 等，2021；Goldberg 和 Meehl，2020；蔡卫星，2016）。

银行地理复杂性的特征大致可归于三个方面：一是总行与分支机构距离更远，这导致更严重的信息不对称及更高的信息沟通成本，上级行对下级行的监管成本更高，委托代理问题更加突出，增加了沟通与决策的复杂性（Goetz 等，2013；李广子，2014；Correa 和 Goldberg，2021；Ho 等，2020）；二是不同分支机构所跨地区在文化环境、产业结构、资源禀赋、营商环境、监管尺度等方方面面存在异质性，使得总行对分行的监管在原则性与灵活性间面临更大权衡与不确定性，导致决策与管理的复杂性（Cardozo 等，2021；蒋为等，2021；Goetz 等，2016；Chu 等，2020）；三是各行在同一地区或相邻地区间的关联性（如同行效应导致的贷款相似性）增加了银行的地理复杂性（Chu 等，2020；Wagner 和 Wolf，2010；Nakagawa 和 Ryuichi，2020）。为了反映和测度银行的地理复杂性，有部分学者直接采用总分行间距离表示地理复杂性（王京滨和李博，2021），也有部分学者采用异地分支银行数、分支银行所跨地区数表示（Cetorelli 和 Goldberg，2014；Cardozo 等，2021；Buch 和 Goldberg，2021；Bonfim，2020）。以上方法对地理复杂性的刻画较为直观简单，但是也较为粗糙，无法完整、精确地刻画银行地理复杂性：前者在很大程度上捕捉了空间距离导致的地理复杂性，后者同时考虑了银行分支机构的数量与分支机构所跨区域数量，刻画了银行分支机构的分布范围及在不同地区的分散程度。但是，仅仅根据银行分支机构数、银行所跨地区数或总分行间距离无法捕捉不同银行在同一地区的分支机构间的关联性或竞争性（如同行效应），导致低估银行地理复杂性。而同时考虑距离因素、分支机构及所跨区域数量的地理复杂性测度目前仍然处于空白，有必要进一步深入研究。

6.2.2 地理复杂性与银行风险

目前学术界关于地理复杂性对系统性风险的影响的研究较少，大多研究基于微观审慎视角探究了地理复杂性对银行个体风险、绩效的影响。银行跨区域经营可以获得规模经济、范围经济，分散银行个体风险等好处（Deng 和 Elyasiani，2008；Berger 和 Deyoung，2001；王擎等，2012；Goetz 等，2016；Berger 等，2019），也会导致总分行间代理成本问题凸显，降低银行贷款质量，损害银行绩效等问题（王擎等，2012；Berger 等，2019；Goetz 等，2013）。在地理复杂性对系统性风险影响的理论层面，Wagner（2010）研究发现，银行跨区域经营增加了银行间的相似性，降低了银行个体风险，但增加了系统性风险。后续学者基于 Wagner（2010）的理论，基于不同系统性风险衡量方法展开研究。在既有研究中，系统性风险的衡量方法主要有两种：一是注重财务回报的尾部研究，主要有将金融机构与市场相结合形成的条件风险价值（$\Delta CoVaR$）（Adrian 和 Brunnermeier，2016）或边际期望损失（MES）（Acharya 等，2017）。二是侧重于金融机构间的网络联系刻画系统性风险（方意和郑子文，2016；贾凯威等，2021）。银行地理复杂性对系统性风险的影响的相关研究多是采用第一种方法来衡量系统性风险。基于 Wagner（2010）的理论分析，Correa 和 Goldberg（2021）采用多个变量进行主成分分析刻画不同类型的银行复杂性，实证结果表明，组织复杂性和地理复杂性能有效分散银行个体风险，增加银行系统性风险。当政府介入监管后，能有效降低银行系统性风险，却增大了银行个体风险。与 Correa 和 Goldberg（2021）的观点相同，Aldasoro 等（2021）采用 SRISK 衡量系统性风险，实证结果表明：地理复杂性加剧银行系统性风险的原因在于提高了银行吸收当地经济冲击的能力。然而，更高的地理复杂性也会使银行受全球冲击时更为脆弱，增加了其风险。但二者均未进行进一步的机制研究。基于此，Chu 等（2020）对银行地理复杂性影响系统性风险的机制进行探索：提出持有相似的资产组合可能会使银行遭受共同的冲击，增加了联合清算和级联效应（连接的数量越多，网络就越脆弱）的可能性，导致系统性风险上升。从竞争渠道角度出发，Faia, E. 和 S. Laffitte 等（2019）基于欧洲银行数据，以总资产赫芬达尔指数衡量的竞争作为中介变量进行实证检验，结果表明，银行跨区域经营导致竞争加剧，增大了银行效率，有利于分散银行个体风险和系统性风险。也有学者认为，随着银行规模、地理复杂性逐渐增大，政府隐性担保现象日益突出（Gropp 等，2011），即"太大而不能倒""太复杂而不能倒"。当银行间联系日益紧密时，也会出现"太连通而不能倒"的现象（Correa 和 Goldberg，2021）。Nakagawa（2020）认为，在分支银行进入某一地区的初期，信息不对称使得银行需要较高的成本收集信息，模仿当地资本雄厚银行的资产投向无疑是更好的选择。此外，声誉问题或分担责任的动机也使得该分支行模仿当地其他银行的投资决策，进而形成"羊群效应"（Cai，2019）。从资产组合理论出发，学者们认为当银行跨区域经营增加与现有资产不完全相关的资产时，地理扩张有利于分散银行风险（Cardozo 等，2021；Goetz 等，2021；Chu 等，2020）。此外，跨区域经营拓宽了银行覆盖的地区范围，增大了客户群体的多样性，非贷款服务范围也随之扩大，增加了产品多元化（Bernini 和 Brighi，2017）。综上所述，目前关于地理复杂性对系统性风险的研究多集中于国外，且结论并不统一，国内这方面的研究并不多。此外，对国内该问题的研究不能简单照搬国外，我国银行业跨区经营的放开与国外的情况存在诸多差异。结合我国具体情况研究银行跨区域经营带来的地理复杂性对系统性风险的影响具有极其重要的现实意义。

本章边际贡献如下：第一，我国与欧美国家银行跨区经营的放开步骤与实现方式不同，且国内关于银行地理复杂性对系统性风险的影响鲜有人关注，因此，研究我国银行地理复杂性对系统性风险的影响，可以为通过跨区监管及联防联控降低系统性风险提供支撑。第二，当前对地理复杂性的测度要么仅考虑异地分支机构的数量或所跨省区的数量，要么仅考虑总分行空间距离，均无法全面、准确捕捉地理复杂性的基本特征，本章采用总分行距离对 CG 方法（Cetorelli 和 Goldberg，2014）测算的地理复杂性进行修正，更加细致、全面地刻画了银行地理复杂性。全新的地理复杂性测度可以体现以下三种基本特征：一是总行与分支机构距离越远，总分行间信息不对称程度越高，信息沟通成本越高，上级行对下级行的监管成本更高，委托代理问题更加突出，捕捉了总行与分行沟通与决策的复杂性；二是不同分支机构所跨地区在文化环境、产业结构、资源禀赋、营商环境和监管尺度等方面存在异质性，使得总行对分行的监管在原则性与灵活性间面临更大权衡与不确定性，导致决策与管理的复杂性；三是各行在同一地区或相邻地区分支机构间的关联性（如同行效应导致的贷款相似性）增加了银行的地理复杂性。这主要是由于银行所跨地区与总行之间距离的异质性会对分支行地理范围以及分散程度产生差异化作用，且会对总行的监管难度产生不同影响。第三，在为数不多的银行地理复杂性对系统性风险的研究中，大多采用"黑箱"的模式进行研究，直接研究银行地理复杂性对系统性风险的影响，缺乏对其背后作用机制的探索。本章实证检验了三种可能的影响机制：同行效应机制、委托代理摩擦机制、风险偏好机制，试图揭示其背后的作用机理。

6.3　研究设计

6.3.1　模型设计

（1）基准模型。现有关于银行地理复杂性对系统性的影响研究多采用线性的模型设定，即分散—稳定性假说（Faia, E. 和 S. Laffitte 等，2019）和分散—脆弱性假说（Correa 和 Goldberg，2021；Aldasoro 等，2021；Chu 等，2020）。线性模型能简单直观地揭示单个银行地理复杂性对系统性风险的影响，但是线性假定意味着自变量的单调增加与减少将导致被解释变量的单调变化，这与现实并不相符：第一，如果线性关系成立，那么我国完全可以无限制地任由银行跨区经营（地理复杂性将趋于无穷）或严禁甚至完全取消跨区经营（地理复杂性将为 0）。但现实是我国采取了分阶段、分类的跨区经营特许，表明地理复杂性与系统性风险间的关系并非线性。

此外，现有研究认为，基于银行业网络的风险传染是系统性风险产生的重要原因（Allen 和 Gale，2000；Acemoglu 等，2015；Ahnert 和 Georg，2018）。银行跨区经营提高了银行地理复杂性，而地理复杂性的提高则加快了银行业网络的形成与复杂化：一是每家银行总行与分行，分行与分行间的内部资金市场网络（银行内网络）；二是各家银行在同一地区的分行因面向共同企业、产业等形成相似性资产网络（银行间网络）。以上两种网络的并存加快了全国银行业网络的形成与复杂化。根据 Allen 和 Gale（2000）等的研究，银行网络结构与系统性风险间为非线性关系。具体地，地理复杂性较低时，银行业网络较为稀疏，银行网络连通性较差，主要为区域性关联，面临的系统性风险较低。此时与 Allen 和 Gale（2000）提出的不连通市场结构是相符的。Allen 和 Gale（2000）认为，当银行网络为不连通结构时，某地区银行受到冲击时，由于与其他地区银行不相连，从而不会形成风险传染，不会使整个系统陷入危机，但是这会增加单个银行破产的风险。但是，随着银行地理复杂性的上升，银行间连通性趋于上升，银行网络结构由不连通结构逐渐向不完全市场结构转变，即银行整体上是连通的，但是银行只与邻近银行直接相连，可以通过间接方式与其他银行相连。这时某一银行或某一地区受到冲击时，可以传染到整个系统。此时，地理复杂性的上升会提高系统性风险。随着银行地理复杂性进一步上升，其分支机构遍布全国各个省份，单个银行的内部资金市场规模更大，整个银行业由于分支银行的联系形成了一个整体，此时某一银行或地区受到冲击时，银行的内部资金市场及银行间的强关联能够更加有效地分散风险或缓冲风险，从而降低系统性风险。此时与 Allen 和 Gale（2000）提出的完全市场结构相符，即银行中任意两两之间都存在直接联系，银行间联系较为密切，风险承担能力较强，系统性风险较低。

基于以上分析，我们认为银行地理复杂性与系统性风险成倒 U 形关系。因此设定为含二次项的双向固定效应模型：

$$\Delta CoVaR_{it} = \beta_0 + \beta_1 complexity_{it} + \sum \gamma_c Control_{it-1} + \varepsilon_{it} + \alpha_i + \rho_t$$

$$(6-1)$$

为避免控制变量对被解释变量可能产生的因双向因果导致的内生性问题，这里借鉴 Aldasoro 等（2021）、Cardozo 等（2021）、薛超和李政（2013）等学者的研究，将控制变量均滞后一期。

其中，$\Delta CoVaR_{it}$ 表示第 i 家银行在 t 年对整个银行业的风险溢出，即系统性风险；$complexity_{it}$ 表示第 i 家银行在 t 年的地理复杂性；α_i 代表不随时间改变的个体效应，ρ_t 代表不因个体改变的时间效应，$\sum \gamma_c Control_{it-1}$ 表示滞后一期的一系列控制变量。

（2）中介效应模型。为了进一步探究地理复杂性对银行系统性风险影响的作用机制，借鉴柳士顺和凌文辁（2009）多重中介效应理论，以及温忠麟和叶宝娟（2014）中介效应检验的"三步法"，模型构建如下：

$$\Delta CoVaR_{it} = \beta_0 + \beta_1 complexity_{it} + \beta_2 complexity_{it}^2 + \sum \gamma_c Control_{it-1}$$
$$+ \varepsilon_{it} + \alpha_i + \rho_t$$

$$(6-2)$$

$$median_{it} = \rho_0 + \rho_1 complexity_{it} + \rho_2 complexity_{it}^2 + \sum \gamma_c Control_{it-1} + \varepsilon_{it}$$
$$+ \alpha_i + \rho_t$$

$$(6-3)$$

$$\Delta CoVaR_{it} = \varphi_0 + \varphi_1 complexity_{it} + \varphi_2 complexity_{it}^2 + \varphi_3 median_{it}$$
$$+ \sum \gamma_c Control_{it-1} + \varepsilon_{it} + \alpha_i + \rho_t$$

$$(6-4)$$

其中，$median_{it}$ 表示第 i 家银行在 t 年中介变量，表示多个中介变量。

6.3.2　变量选取与测度

（1）被解释变量：系统性风险（$\Delta CoVaR$）。在 Adian 和 Brunnermeier（2016）提出的 $\Delta CoVaR$ 测算方法的基础上，本章运用 Engle（2002）提出的能捕捉金融时序变量动态相关性的二元 DCC - GARCH 模型测算 $\Delta CoVaR$。该方法能更好地反映变量间非线性关系以及股市的波动聚集现象。借鉴姜永宏等（2019）的计算方法：

首先，采用股票日收盘价估计 DCC - GARCH（1，1）模型可以得到单个银行和银行业的条件方差 σ_t^i、σ_t^s 以及动态相关系数 ρ_t^{is}。

其次，假设单个银行和银行业风险损失服从二元正态分布

$$(X_t^i, X_t^s) \sim N\left[\begin{pmatrix} 0 \\ 0 \end{pmatrix}, \begin{pmatrix} (\sigma_t^i)^2 & \rho_t^{is}\,\sigma_t^i\,\sigma_t^s \\ \rho_t^{is}\,\sigma_t^i\,\sigma_t^s & (\sigma_t^s)^2 \end{pmatrix}\right] \qquad (6-5)$$

X_t^i 表示第 i 家银行的风险损失，X_t^s 表示整个银行业的风险损失。

由多元正态分布的性质可知：

$$X_t^s \mid X_t^i \sim N\left(\frac{X_t^i\,\rho_t^{is}\,\sigma_t^s}{\sigma_t^i}, \left(1 - \left(\rho_t^{is}\right)^2 \sigma^{s2}\right)\right) \qquad (6-6)$$

然后，根据 Adian 和 Brunnermeier（2016）计算 VaR

$$Pr(X^o \leqslant VaR_q^o) = q\% \qquad (6-7)$$

其中，X^o 表示银行 i 或者银行业的风险损失，VaR_q^o 表示银行 i 或者银行业在 $q\%$ 置信水平下的风险损失。

$CoVaR$ 表示单个银行对银行业的风险溢出效应，其定义如下：

$$Pr(X^s \mid C(X^i) \leqslant CoVaR_q^{s \mid C(X^i)}) = q\% \qquad (6-8)$$

其中，$C(X^i)$ 表示银行 i 面临的风险冲击事件，$CoVaR_q^{s \mid C(X^i)}$ 表示当银行 i 遭受风险事件 $C(X^i)$ 冲击时，银行业 s 面临的最大可能损失。

$\Delta CoVaR$ 表示单个银行对银行业的边际溢出或溢出程度，计算公式为：

$$\Delta CoVaR_q^{s \mid i} = CoVaR_q^{s \mid X^i = VaR_q^i} - CoVaR_q^{s \mid X^i = VaR_{50}^i} \qquad (6-9)$$

其中，$CoVaR_q^{s \mid X^i = VaR_{50}^i}$ 表示在银行 i 正常波动情况下，在 $q\%$ 置信水平下，银行业可能面临的最大风险损失。

将式（6-6）分别代入式（6-7）、式（6-8）、式（6-9）中，计算得：

$$VaR_{q,t}^i = \Phi^{-1}(q\%) \qquad (6-10)$$

$$CoVaR_{q,t}^{s \mid i} = \Phi^{-1}(q\%)\,\sigma_t^s\,\sqrt{1 - \left(\rho_t^{is}\right)^2} + \Phi^{-1}(q\%)\,\rho_t^{is}\,\sigma_t^i \qquad (6-11)$$

$$\Delta CoVaR_{q,t}^{s \mid i} = \Phi^{-1}(q\%)\,\rho_t^{is}\,\sigma_t^i \qquad (6-12)$$

计算得到的 $\Delta CoVaR$ 为日频数据，取季度均值得到本章被解释变量 $\Delta CoVaR$。

（2）核心解释变量：地理复杂性（$complexity$）。部分学者采用异地分支银行数或分支银行所跨地区数表示银行地理复杂性（Cardozo 等，2021；Buch 和 Goldberg，2021；Bonfim，2020）。这两种方法简单直观，但是也较为粗糙，无法完整、精确地刻画银行地理复杂性。故 Cetorelli 和 Goldberg（2014）将两种因素结合，构建了经分支银行所跨地区数调整的反向赫芬达尔指数（$1-HHI$）来反映银行分支机构分散程度的银行地理复杂性，具体构建方法如下：

$$div_{it} = \frac{R_{it}}{R_{it}-1}(1-HHI_{it}) = \frac{R_{it}}{R_{it}-1}\left(1-\sum_{j=1}^{R}\left(\frac{count_{itj}}{total\_count_{it}}\right)^2\right)$$

$$(6-13)$$

其中，R_{it} 表示第 i 家银行在 t 时刻分支银行所在省份的数量，$count_{itj}$ 表示第 i 家银行在 t 时刻第 j 个省内的分支行个数，$total\_count_{it}$ 表示第 i 个银行在 t 时刻所有分支银行的个数，各行分支机构数由金融许可证数量表示，数据通过 Python 软件从银保监会网站上爬取。具体地，将 36 家样本银行自成立至 2020 年第三季度的所有分支行机构注册信息爬取下来。在此基础上，保留银行批准成立日期、名称、所在省份等字段，整理获得各银行各季度在每个省份的分支机构数量。本应去掉退出机构，但银保监会网站只列出近两年的机构退出名单，故并未去掉退出机构。

应当指出的是，这一测量方法没有捕捉到由空间距离导致的监管复杂性[①]，从而使得地理复杂性被低估。因此在 Cetorelli 和 Goldberg（2014）基础上，借鉴王京滨和李博（2021）对总分行间距离的计算方法，引入距离因素进一步修正银行地理复杂性，总分行间的距离刻画如下：

$$\text{ln}distance_{it} = \ln\left(\sum_{j=1}^{R_i}\left(\frac{count_{itj}}{total\_count_{it}}\times d_{itj}\right)\right) \qquad (6-14)$$

其中，$\text{ln}distance_{it}$ 表示第 i 家银行在 t 时刻总分行间平均距离的对数。d_{itj} 表示 t 时刻第 i 家银行第 j 个分支机构所在省份与总行所在省份之间的距离。另外，为了降低异方差性，将总分行加权地理距离进行对数化处理。经

---

① 总分行之间距离越远，来自总行的内部管控越弱，而地方政府对其监管就越强，而总分行间因信息不对称导致代理成本上升，增大监管难度。

距离修正后的地理复杂性 $complexity_{it}$ 如式（6 – 15）所示。

$$complexity_{it} = div_{it} \times \ln distance_{it} \qquad (6 - 15)$$

（3）控制变量。根据既有文献研究，本章采用以下指标作为控制变量。存款比率（LR）：反映了银行融资来源的稳定程度。存款作为银行的传统核心业务，其稳定性受到学者们普遍认同（朱波和卢露，2014；蔡卫星，2016；佟孟华等，2021；Kleinow 和 Moreira，2016；Bostandzic 等，2018）。存款比率越高表示银行越依赖传统存款业务的融资渠道，降低了银行对货币市场的融资依赖，因此减少了在货币市场上对其他金融机构的风险暴露，进而降低了系统性风险。

股权市账比（$M2B$）：该指标反映了银行的经营能力。股权市账比越高表示银行经营能力越强，但股价被高估的可能性也更高、潜在跌幅更大，投资者面临的市场风险较大，从而蕴含着更大的系统性风险（张晓玫和毛亚琪，2014；朱波等，2016；张天顶和张宇，2017；Chu 等，2020；Palia 等，2020）。

资产回报率（ROA）：该指标表示单位资产创造利润的情况，反映了银行的盈利能力。较高的资产回报率意味着银行资产利用效果较好，抵御风险的能力较强。面对风险冲击时，能及时吸收潜在损失，降低银行系统性风险（刘春志和范尧熔，2015；张天顶和张宇，2017；蒋海和张锦意，2018；De Jonghe 等，2015；Chu 等，2020）。

资本充足率（CAR）：《巴塞尔协议 Ⅲ》对系统重要性银行施加额外资本充足率要求，资本充足率成为监管部门宏观审慎的重要指标[①]。更高资本充足率要求促使资本不足的银行积极降低风险加权资产比率，从而有效抑制银行个体风险。但这种微观审慎的有效性是以银行个体风险向系统性风险转移为代价的，更高的资本充足率要求还会诱发更大的系统性风险暴露和系统性风险溢出。反映银行个体风险向系统性风险转移的风险承担渠道，以及反映杠杆率调整引起风险补偿的杠杆率渠道，都是诱发更大系统性风险的成因（蒋海和张锦意，2018；苏帆等，2019；

---

① 《巴塞尔协议 Ⅲ》要求银行的资本充足率不低于 8%，核心资本充足率不低于 6%。

Black 等，2016）。

　　贷款比率（$loan\_per$）：该指标反映了银行的资产结构。贷款业务既是银行收入的主要来源，也是银行传统业务的典型代表。与之相对应的是佣金、手续费等非利息收入，这一收入主要来源于并购活动，若并购活动较为频繁，杠杆率、不良贷款率会更高，使得银行系统性风险上升。贷款比率越高，银行业务复杂性就越低，进而降低系统性风险（朱波和卢露，2014；朱波等，2016；张琳和廉永辉，2020；佟孟华等，2021；Palia 等，2020）。

表6-1　　　　　　　　　　　　　变量说明

分类	变量名称	变量符号	计算方法	相关文献	预期符号	数据来源
被解释变量	系统性风险	$\Delta CoVaR$	见式（6-12）	Adian 和 Brunnermeier，2016		作者计算
核心解释变量	地理复杂性	$complexity$	见式（6-13）~式（6-15）	Cetorelli 和 Goldberg，2014		作者计算
控制变量	存款比率	LR	存款/总负债×100%	朱波和卢露，2014；蔡卫星，2016；佟孟华等，2021；Kleinow 和 Moreira，2016；Bostandzic 等，2018	-	Wind
	股权市账比	$M2B$	银行市场价值/账面价值×100%	张晓玫和毛亚琪，2014；朱波等，2016；张天顶和张宇，2017；Chu 等，2020；Palia 等，2020	+	Wind
	资产回报率	ROA	净利润/总资产×100%	刘春志和范尧熔，2015；张天顶和张宇，2017；蒋海和张锦意，2018；De Jonghe 等，2015；Chu 等，2020	-	Wind
	资本充足率	CAR	银行资本净额/风险加权资产总额×100%	蒋海和张锦意，2018；苏帆等，2019；Black 等，2016	+	Wind
	贷款比率	$loan\_per$	贷款总额/总资产×100%	朱波和卢露，2014；朱波等，2016；张琳和廉永辉，2020；佟孟华等，2021；Palia 等，2020	-	Wind
Heckman 样本选择变量	不良贷款率	NPL	不良贷款总额/贷款总额×100%	王擎等，2012；李广子，2014；Goetz 等，2013；李双建，2017	-	Wind
	银行年龄	AGE	银行成立的时间		+	Wind
	规模	$SIZE$	银行总资产		+	Wind

6.4 实证检验结果

6.4.1 数据来源、处理与描述性统计

（1）数据来源与数据处理。鉴于数据的可得性，本章样本涉及国有商业银行、股份制商业银行、城市商业银行及农村商业银行共 36 家上市银行，其中，国有商业银行 4 家、股份制商业银行 10 家、城市商业银行 13 家、农村商业银行 8 家。样本期为 2000 年第二季度至 2020 年第三季度。数据来源包括 Wind 数据终端、CSMAR 数据库、国家统计局、银保监会等。部分变量进行了对数化处理与插值补齐。最后，为了控制极端值的影响，对样本数据中所有连续变量在上下 1% 分位处进行 Winsorize 处理。

（2）描述性统计分析。借鉴李广子（2014）的研究，将国有商业银行、股份制商业银行归类为"大型银行"，而将城市商业银行和农村商业银行归类为"中小银行"。表 6 - 2 分别列出了全样本、中小银行和大型银行主要变量的描述性统计结果。全样本、大型银行和中小银行对系统性风险的边际贡献度平均值分别为 1.9、1.9 和 2.0，中小银行对系统性风险的贡献稍大于全样本和大型银行，但大型银行的标准差较大。在银行地理复杂性方面，全样本、大型银行和中小银行的均值分别为 4.9、6.5 和 1.4，表明大型银行在异地设立分支银行较多，分布范围较广，分支银行较为分散，总分行之间距离较远；而中小银行分支机构的分布范围、分散程度以及与总行之间的距离均小于大型银行。

图 6 - 1 为主要变量间的相关系数热力图，从图 6 - 1 可以看出，银行规模和银行地理复杂性间相关性较强，相关系数为 0.78，进一步验证随着银行跨区域经营的进行，规模也随之增大。地理复杂性和规模之间存在着较强的相关关系，但与规模相比，它提供了关于银行参与的不同业务之间潜在的相互关联、协同效应以及副作用的详细信息。

图 6 - 2 为中小银行地理复杂性现状，从图 6 - 2 可以看出，北京银

行、南京银行、宁波银行时间跨度较长，地理复杂性总体呈现逐年上升的趋势，这主要是由于频繁进行跨区经营增大了银行地理复杂性。渝农商行、苏农银行、长沙银行的地理复杂性呈现较明显的下降趋势。此外，由于中小银行多是在2015年后上市，样本时间范围较短，且国家对城商行的跨区经营进行了限制，变化趋势并不明显。从图6-3可以看出，除平安银行、浙商银行、浦发银行和邮储银行外，大型银行地理复杂性均稳定在7左右，趋势并不明显，这主要是由于这些银行创立之初便可进行跨区域经营，在全国各个省份均设有分行，新增的分支行对该银行的地理位置集中度影响不大，故地理复杂性接近最大值7且变化趋势并不明显。

图6-4和图6-5分别为中小银行、大型银行系统性风险现状，从图6-4和图6-5可以看出，2007—2009年、2015年以及2019—2020年各银行的系统性风险均较大，这主要是由于2007年美国次贷危机、2015年中国股市暴跌以及2020年的新冠病毒疫情等"黑天鹅"事件引起系统性风险剧增，表明我国银行业系统性风险具有明显的事件驱动特征，这与贾凯威等（2021）的结论相同。

表6-2　　　　　　　　　　　　主要描述性统计量

变量	全样本（n=1145）				中小银行（n=365）				大型银行（n=780）			
	mean	sd	min	max	mean	sd	min	max	mean	sd	min	max
$\Delta CoVaR$	1.9	0.6	0.7	3.5	2.0	0.5	0.7	3.5	1.9	0.7	0.7	3.5
complexity	4.9	2.6	0.0	7.0	1.4	1.4	0.0	5.3	6.5	0.6	2.2	7.0
LR	7.4	1.0	5.2	9.1	7.0	0.9	5.2	9.1	7.5	1.0	5.2	9.1
M2B	2.1	0.5	1.3	3.7	2.1	0.5	1.3	3.7	2.0	0.5	1.3	3.7
ROA	0.6	0.3	0.1	1.6	0.6	0.3	0.1	1.6	0.6	0.3	0.1	1.4
CAR	2.5	0.2	1.5	2.9	2.6	0.1	2.3	2.9	2.5	0.2	1.5	2.9
loan_per	3.9	0.2	2.8	4.3	3.7	0.3	2.8	4.2	4.0	0.1	3.5	4.3
SIZE	28.3	1.5	25.3	30.9	26.9	1.0	25.3	28.7	28.9	1.3	25.3	30.9
NPL	1.6	1.5	0.4	11.0	1.3	0.6	0.4	8.0	1.8	1.8	0.4	11.0
AGE	3.0	0.4	1.8	3.6	2.8	0.3	2.0	3.2	3.1	0.4	1.8	3.6

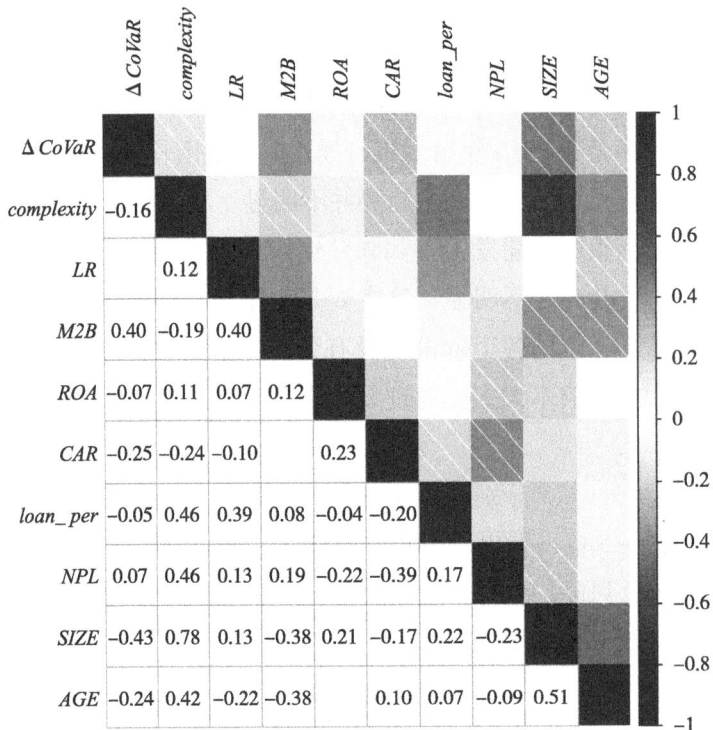

图6-1 相关系数热力

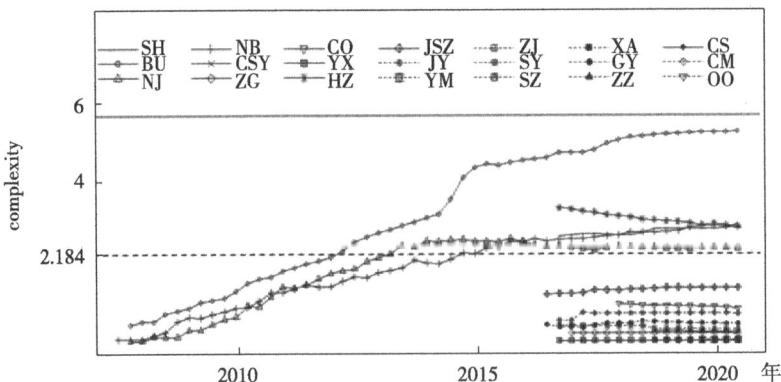

图6-2 中小银行地理复杂性现状

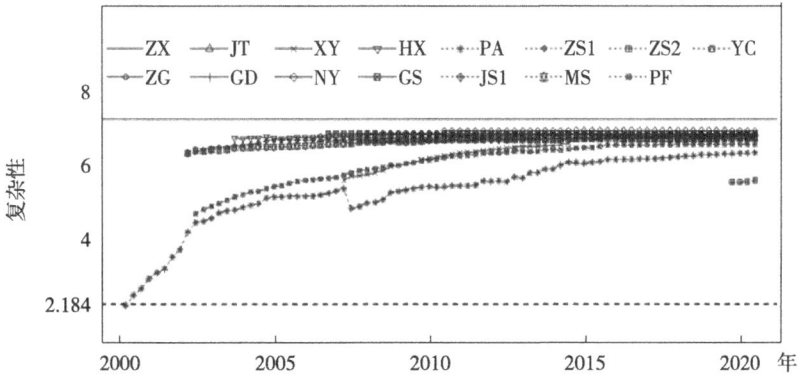

图 6 - 3　大银行地理复杂性现状

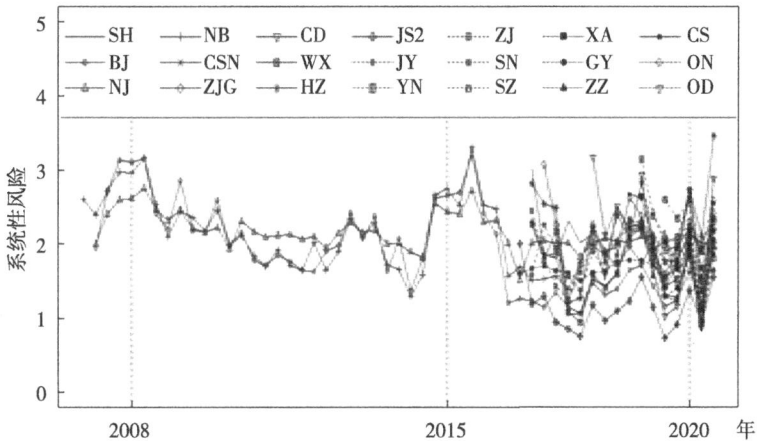

图 6 - 4　中小银行系统性风险

6.4.2　地理复杂性对系统性风险影响计量分析

（1）基准回归结果。首先验证将地理复杂性二次项 $complexity^2$ 纳入模型的合理性。为此，模型不仅估计了方程（6 - 1），还估计了仅含地理复杂性一次项 $complexity$ 的方程，模型回归结果如表 6 - 3 所示。表 6 - 3 中模型 1 与模型 2 为不含 $complexity^2$ 的估计结果，前者不包含控制变量，后者则包含控制变量。可以看出，无论模型是否含控制变量，不包

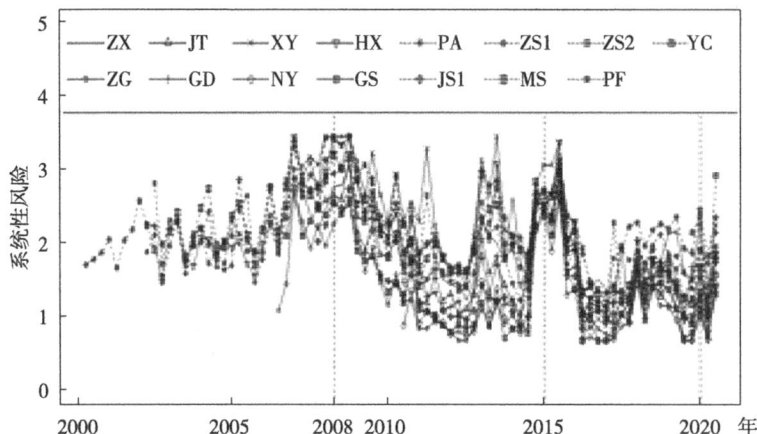

图 6 - 5　大银行系统性风险现状

含 $complexity^2$ 时的银行地理复杂性对系统性风险的影响均非常小，且在统计上不显著。对模型（6 - 2）进行 Ramsey's RESET 检验和连接检验，RESET 检验在 1% 显著性水平上拒绝原假设，连接检验在 5% 显著性水平上没有拒绝原假设，表明模型存在遗漏高次项问题。

模型 3 表示在模型 1 的基础上引入银行地理复杂性的二次项，模型 4 是在模型 3 的基础上加入控制变量，两模型中 $complexity^2$ 和 $complexity$ 的参数均在 5% 显著性水平上显著，且拟合效果较好。再次对两个模型进行 Ramsey's RESET 检验和连接检验，结果表明模型不再存在遗漏高次项的设定偏误。

以上结果表明，银行地理复杂性与系统性风险成倒 U 形关系，支持了前文的推断，与 Allen 和 Gale（2000）的结论一致。

在控制变量方面，多数控制变量均与预期相符。银行股权市账比（$M2B$）表示银行的经营能力，股权市账比越高表示银行的经营能力越好，也有可能股市高估了银行的实力，进而投资者面临的市场风险较大，产生系统性风险的可能就越大；银行资产回报率（ROA）表示银行的盈利能力，银行的盈利能力越好，其面对风险冲击时倒闭的可能性就越低，系统性风险就越小；更高资本充足率（CAR）要求能促使资本不足的银行积极降低风险加权资产比率，从而有效抑制银行个体风险。但这种微观审慎有效性是以银行个体风险向系统性风险转移为代价的，更高资本充足率要求还会诱发更大系统性风险。存款比率（*LR*）与系统性风险显著负相关，与预期相符。

表6-3　　　　　　　　　　双向固定效应模型回归结果

变量	模型1	模型2	模型3	模型4
complexity	0.016 (0.28)	0.006 (0.11)	0.232** (2.71)	0.278** (2.47)
complexity^2			-0.039** (-2.30)	-0.046** (-2.37)
LR_{t-1}		-0.104*** (-2.85)		-0.079* (-2.02)
$M2B_{t-1}$		0.229*** (2.77)		0.257*** (2.84)
ROA_{t-1}		-0.601*** (-3.69)		-0.508*** (-3.53)
CAR_{t-1}		0.107 (0.86)		0.281* (1.91)
$loan\_per_{t-1}$		0.072 (0.23)		0.089 (0.36)
常数项	1.418*** (17.68)	-0.616 (-0.47)	1.229*** (16.35)	-1.387 (-1.01)
个体效应	控制	控制	控制	控制
时间效应	控制	控制	控制	控制
R^2	0.757	0.786	0.766	0.793
adj. R^2	0.739	0.767	0.748	0.775
N	1151	991	1151	991

注：①括号中为t统计量。

②*、**、***分别表示在1%、5%、10%水平上显著。

③下文表格相同。

（2）模型内生性讨论。本章模型的内生性可能来源于以下三个方面：一是遗漏变量，二是样本选择偏误，三是双向因果关系。首先，虽然控制了影响系统性风险的大部分指标，但遗漏变量问题仍然可能存在，由此导致的内生性问题同样不可忽视。其次，模型存在样本选择偏误。图6-1表明，银行复杂性与银行年龄、规模显著正相关，意味着能否跨区经营不仅受相关条件约束，还与银行成立早晚、规模有关，而成立越早、经营时间越长、规模越大的银行往往具有更大的地理复杂性，因此，银行实行跨区经营是非随机的，存在样本选择偏误。最后，银行地理复杂性和系统性风险间存在双向因果关系（Goldberg和Meehl，2020；Chu等，2020；Bonfim和S.，2020；Bernini和Brighi，2017；Martynova和Vogel，2021）。当面临更大的系统性风险时，银行会通过减少其附属机构的数量（注销或合并）来降低其地理复杂性，进而降低系统性风险，从图6-2可以看出，渝农商行、苏农银行、长沙银行的地理复杂性呈现较明显的下降趋势，为验证以上观点提供了证据；并且，系统性风险较低时银行可能会选择进一步地理扩张，从而获得规模经济、内部资金市场等好处。

（3）Heckman-2SLS模型设定。鉴于以上可能的内生性问题，这里将Heckman两步法与2SLS相结合（以下简称Heckman-2SLS），对模型内生性问题进行修正：首先采用Heckman两步法对方程（6-1）进行样本纠偏；在此基础上选择合适的工具变量，采用2SLS对双向因果与遗漏变量进行修正。

Heckman两阶段模型能够较好地矫正样本选择偏误。第一阶段估计选择方程。选择方程的实质是对是否跨区域经营进行Probit回归，计算得到逆米尔斯比率。第二阶段估计结果方程。将计算得到的逆米尔斯比率作为控制变量加入基础回归模型，进行估计。若回归结果中逆米尔斯比率显著不为0，则表明原模型存在样本选择偏误。

在第一阶段的选择方程中，被解释变量为是否跨区经营 $Selection_{it}$，被解释变量 $Selection_{it}$ 为虚拟变量，定义如下：对于实施了跨区经营的银行样本，该变量取值为1，否则取值为0。解释变量选取借鉴王擎等（2012）、李广子（2014）、Goetz等（2013）和李双建（2017）的研究。具体地，选取以下变量作为影响银行跨区域经营的因素：资产回报率

（*ROA*）、不良贷款率（*NPL*）、规模（*SIZE*）、年龄（*AGE*）、资本充足率（*CAR*）。这些指标反映了银行的盈利能力、银行稳健性等。2006 年 2 月，银监会出台了《城市商业银行异地分支机构管理办法》[①]，允许在异地设立分支机构的银行都是盈利能力强、资产质量高、经营稳健的"好银行"，这些指标对银行能否进行跨区域经营产生了重要的影响。此外，为避免选择方程中可能存在的双向因果问题，借鉴蒋冠宏和蒋殿春（2012）、贾明等（2014）的做法，对所选变量滞后一阶处理，综上所述，选择方程设定为式（6 – 16）：

$$Selection_{it} = \xi_0 + \xi_1 \, CAR_{it-1} + \xi_2 \, SIZE_{it-1}$$
$$+ \xi_3 \, AGE_{it-1} + \xi_4 \, NPL_{it-1} + \xi_5 \, ROA_{it-1} \qquad (6-16)$$
$$+ \varepsilon_{it} + \alpha_i + \rho_t$$

在完成第一阶段估计的基础上，估计结果方程（6 – 17）：

$$\Delta CoVaR_{it} = \beta_0 + \beta_1 \, complexity_{it} +$$
$$\beta_2 \, complexity_{it}^2 + \sum \gamma_c \, Control_{it-1} \qquad (6-17)$$
$$+ \varepsilon_{it} + \alpha_i + \rho_t + \beta_3 \, \lambda_{it}$$

式（6 – 17）中 λ_{it} 为逆米尔斯比率，根据式（6 – 16）估计结果计算得到。

在得到式（6 – 17）估计结果的基础上，选择合适的工具变量，对式（6 – 14）再次进行 2SLS 估计得到最终的估计结果。

（4）工具变量选择与论证。

第一，工具变量的选择。本章借鉴蔡卫星（2016）工具变量的选取方法。首先生成虚拟变量 *policy*，即跨区经营政策，该变量在 2007 年第一季度之后取 1，在此之前取 0[②]。在此基础上，将 *policy* 分别与资本充

---

① 2006 年 2 月，银监会出台的《城市商业银行异地分支机构管理办法》规定，城市商业银行在不同城市设立分支机构应具备资产总额不少于 150 亿元人民币、注册资本不少于 5 亿元人民币并且为实缴资本、资本充足率不低于 8%、不良贷款率连续两年不高于 6%、在申请之日前连续 2 年盈利等条件。

② 由于我国于 2006 年 2 月出台了《商业银行异地分支机构管理办法》，政策允许资产总额不少于 150 亿元人民币、注册资本不少于 5 亿元人民币并且为实缴资本、资本充足率不低于 8%、不良贷款率连续两年不高于 6%、在申请之日前连续 2 年盈利的银行跨区经营。

足率（CAR）、跨区域经营的经验（$branch$，异地分支银行的个数）的交互项 $policy \times branch$、$policy \times CAR$、$policy \times branch^2$、$policy \times CAR^2$ 作为内生解释变量 $complexity$、$complexity^2$ 的工具变量。选择资本充足率（CAR）、跨区域经营的经验（$branch$，异地分支银行的个数）构建工具变量的原因在于：继 2006 年《商业银行异地分支机构管理办法》对资产总额、实缴资本、资本充足率、不良贷款率、盈利能力等作出要求后，2009 年《中小商业银行分支机构市场准入政策的调整意见（试行）》放宽了准入条件，但是仍然保留了资本充足率（CAR）、跨区域经营的经验（$branch$，异地分支银行的个数）两个关键条件，因此，$policy \times branch$、$policy \times CAR$ 两个交互项的含义是 2007 年以后各银行的跨区经营经验与资本充足率。

第二，工具变量的相关性论证。政策变量 $policy$ 分别与资本充足率（CAR）、跨区域经营的经验（$branch$）的交互项与银行地理复杂性间存在较强的相关性。根据 2009 年《中小商业银行分支机构市场准入政策的调整意见（试行）》可知，银行资本充足率与原有跨区经营经验会影响银行是否可以跨区经营，进而影响银行地理复杂性。此外，本章采用由距离和所跨省份个数修正的银行分支机构的反向赫芬达尔指数（$1 - HHI$）刻画银行地理复杂性，且银行异地分支机构的数量也能反映银行跨区域经营的程度，侧面反映了银行地理复杂性大小，故银行的异地分支机构数和银行地理复杂性间存在较强的相关关系。

第三，工具变量的外生性论证。2006 年，银监会出台的放松管制政策对银行跨区域经营提出了十分严格的要求，其中资本充足率（CAR）和跨区域经营的经验（$branch$）是影响银行能否进行跨区域经营的重要因素。《巴塞尔协议Ⅲ》对系统重要性银行施加额外资本充足率要求，资本充足率成为监管部门宏观审慎的重要指标。更高资本充足率的监管要求能促使资本不足的银行积极降低风险加权资产比率，从而有效抑制银行个体风险。但这种微观审慎有效性是以银行个体风险向系统性风险转移为代价的，更高资本充足率要求还会诱发更大系统性风险暴露和系统性风险溢出。反映银行个体风险向系统性风险转移的风险承担渠道，以及反映杠杆率调整引起风险补偿的杠杆率渠道，都是诱发更大系统性风险的成因（蒋海和张锦意，2018；苏帆等，2019；Black 等，2016）。一旦银行的资本充足率不能满足监管要求时，该银行也面临倒闭的风险，会波及业务往来密切的银行，风险传染进而导致系统性风险的产生。然而在这一作用机制中，资本充足率并没有对系统性风险产生直接影响，而是首先影响银行是否能够跨区经营从而分散个体风险进而影响到银行系统性风险。银行的异地分支机构数反映了银行跨区域经营的程度及跨区经营经验，对能否进一步扩大经营范围具有直接影响，而跨区域经营带来规模经济、内部资金市场和分散个体风险的同时，也带来了增大了总分行间的代理成本、降低了贷款质量等问题，通过影响单个银行的风险、绩效，进而影响银行系统性风险。

以上分析表明，$policy \times branch$、$policy \times CAR$ 是通过影响地理复杂性影响银行系统性风险外溢的。由于基准模型中地理复杂性存在二次项，故将政策变量 $policy$ 与资本充足率的二次项（CAR^2）、跨区域经营经验的二次项（$branch^2$）的交互项 $policy \times branch^2$、$policy \times CAR^2$ 作为工具变量。

（5）Heckman – 2SLS 模型估计。表 6 – 4 第（1）、（2）列为 Heckman 两步法回归结果。从选择方程的估计结果看，规模较大、经营年限较长、盈利能力较好、资本充足率越高、股市对该银行的认可程度较高的银行更有可能进行跨区域经营，与国家政策要求相符。

在估计式（6 – 16）并计算逆米尔斯比率的基础上，估计式（6 – 17），结果见表 6 – 4 第（2）列，从估计结果看，逆米尔斯比率 λ 的系数为 – 0.296，且在 5% 显著性水平上显著，表明确实存在样本选择偏差。表 6 – 4 第（2）列估计结果还表明 $complexity^2$ 的系数仍然显著为负，再次支撑"系统性风险与地理复杂性成倒 U 形关系"的结论。

在估计方程（6 – 17）的基础上，将 $policy \times branch$、$policy \times CAR$、$policy \times branch^2$、$policy \times CAR^2$ 作为 $complexity$、$complexity^2$ 的工具变量，再次对式（6 – 17）进行 2SLS，第一阶段估计结果见表 6 – 4 第（3）、第（4）列，第二阶段估计结果见表 6 – 4 第（5）列。

表6－4　Heckman－2SLS 估计及稳健性检验

变量	Heckman		2SLS		稳健性检验			异质性检验
	(1) 选择项 Selection	(2) 结果 $\Delta CoVaR_{it}$	(3－4) Stage 1 complexity complexity²	(5) Stage 2 $\Delta CoVaR_{it}$	(6) $\Delta CoVaR_{it}$	(7) $\Delta CoVaR_{it}$	(8) $\Delta CoVaR_{it}$	(9) $\Delta CoVaR_{it}$
$complexity^2$		-0.035 *** (-3.50)		-0.125 *** (-6.03)	-0.091 *** (-3.82)	-0.156 *** (-7.47)		-0.066 *** (-4.07)
$complexity$		0.189 *** (2.63)		0.546 *** (4.54)	0.356 *** (3.02)	0.634 *** (5.17)		0.327 *** (3.09)
$branch$							0.371 *** (3.64)	
$branch^2$							-0.058 *** (-5.68)	
LR_{t-1}		0.081 *** (3.13)	控制	控制	控制	控制	控制	控制
$M2B_{t-1}$		0.250 *** (4.22)	控制	控制	控制	控制	控制	控制
$loan\_per_{t-1}$		0.171 (1.09)	控制	控制	控制	控制	控制	控制
ROA_{t-1}	1.083 *** (3.25)	-0.508 *** (-3.77)	控制	控制	控制	控制	控制	控制
CAR_{t-1}	2.221 *** (3.45)	0.289 ** (2.43)	控制	控制	控制	控制	控制	控制

续表

变量	Heckman (1) 选择 Selection	Heckman (2) 结果 $\Delta CoVaR_{it}$	2SLS (3–4) Stage 1 complexity	2SLS (3–4) Stage 1 complexity^2	2SLS (5) Stage 2 $\Delta CoVaR_{it}$	稳健性检验 (6) $\Delta CoVaR_{it}$	稳健性检验 (7) $\Delta CoVaR_{it}$	异质性检验 (8) $\Delta CoVaR_{it}$	异质性检验 (9) $\Delta CoVaR_{it}$
$SIZE_{t-1}$	0.701 *** (6.16)								
NPL_{t-1}	0.169 ** (2.11)								
AGE_{t-1}	0.352 (1.11)								
常数项	−13.735 *** (−3.69)	−1.056 (−1.42)							
λ		−0.296 ** (−1.98)	0.101 * (1.69)	2.024 *** (2.75)	0.004 (0.02)	−0.142 (−0.66)	0.015 (0.07)	−0.098 (−0.52)	−0.122 (−1.11)
$policy \times branch$			1.192 *** (38.07)	2.895 *** (7.53)					
$policy \times CAR$			0.073 *** (27.74)	0.037 (1.15)					
$policy \times (branch)^2$			2.556 *** (6.3)	42.771 *** (8.59)					
$policy \times (CAR)^2$			0.544 *** (6.70)	8.916 *** (8.94)					

续表

变量	Heckman		2SLS			稳健性检验			异质性检验
	(1) 选择 Selection	(2) 结果 $\Delta CoVaR_{it}$	(3-4) Stage 1 complexity complexity²		(5) Stage 2 $\Delta CoVaR_{it}$	(6) $\Delta CoVaR_{it}$	(7) $\Delta CoVaR_{it}$	(8) $\Delta CoVaR_{it}$	(9) $\Delta CoVaR_{it}$
complexity × type									2.928** (2.03)
complexity² × type									-0.225* (-1.72)
个体效应	控制	控制	控制	控制	控制	控制	控制	控制	控制
时间效应	控制	控制	控制	控制	控制	控制	控制	控制	控制
Underidentification test				239.015					
P-value				0.00					
Weak identification test				76.691					
Sargan statistic				1.933					
P-value				0.381					
F				34.34					
R^2						0.773	0.721	0.807	0.799
adj. R^2						0.727	0.688	0.779	0.78
N		990		828		591	759	828	990

表 6 - 4 给第 (4) 列出了 Sargan 统计量 (1.933)，相伴概率 p 值为 0.381 > 0.1，不拒绝原假设，即所有工具变量均是外生的。弱工具变量检验 Cragg - Donald 统计量为 76.691，大于 1% 显著性水平上的临界值 9.93，即拒绝弱工具变量的假设。在第一阶段模型中，$complexity$、$complexity^2$ 对 $policy \times branch$、$policy \times CAR$、$policy \times branch^2$、$policy \times CAR^2$ 的拟合效果较好，四个交互项系数均在 1% 的显著性水平上显著。

在第二阶段估计中，地理复杂性 $complexity$ 及其二次项 $complexity^2$ 的系数绝对值较基准回归模型 (见表 6 - 3 第 4 列) 均有所上升，且参数显著性由原来的 5% 提升至 1%，经济意义与统计意义更显著。此外，参数符号与基准模型保持一致，仍为倒 U 形。

(6) 稳健性检验。经过 Heckman 两阶段模型和两阶段最小二乘法 (2SLS) 解决模型存在的内生性问题后，采取以下几种方法进行模型的稳健性检验。

第一，减少银行个数。五大国有商业银行很早就已经完成了全国范围内分支机构布局，基本上不存在选择跨区域经营的问题。故将国有商业银行样本去掉，回归结果见表 6 - 4 第 (6) 列；第二，缩短样本区间。随着 2009 年 143 号文的颁布，中小银行跨区域经营全面开展，故去掉 2009 年第二季度之前的所有样本数据，回归结果见表 6 - 4 第 (7) 列。第三，借鉴蔡卫星 (2016)，采用银行的异地分支机构个数 ($branch$) 来替换本章衡量的地理复杂性，回归结果见表 6 - 4 第 (8) 列。可以看出，以上各种形式的稳健性检验结果均与第 (5) 列 Heckman - 2SLS 模型估计结果相似，$complexity$、$complexity^2$、$branch$、$branch^2$ 的参数符号没有发生变化，且均在 1% 显著性水平上显著。

(7) 异质性分析。前文描述性分析表明，大型银行与中小银行的地理复杂性存在较大差异，均值分别为 6.5 与 1.9，但是 $\Delta CoVaR_{it}$ 的均值分别为 2.0 与 1.9，意味着地理复杂性对系统性风险的影响可能存在异质性。承接上文对大型银行、中小银行的界定，设定虚拟变量银行类型 ($type$)：大型银行为 1，中小银行为 0。为探索不同类型的银行地理复杂性对系统性风险的影响是否存在差异。将银行类型 ($type$) 作为调节变量，回归结果见表6-4第（9）列。银行类型（*type*）与地理复杂性一次项、二次项的交互项均在1%的置信水平下显著，且银行类型（*type*）对银行地理复杂性影响系统性风险的作用过程是存在倒U形的调节作用的，先是正向调节作用，随着正向调节作用逐渐减弱，随后变成反向抑制作用。因此，大型银行和中小银行的地理复杂性与系统性风险倒U形关系的形态存在较大差异。

6.5　进一步的机制研究

6.5.1　同行效应机制

银行在其他地区没有分支机构或分支机构较少时（此时对应着较低的地理复杂性，往往为中小银行），银行在异地新设分支机构多采用模仿或追随策略，这无疑增加了银行的系统性风险。随着银行在其他地区分支机构的增加，追随或模仿战略的边际收益逐渐下降，同时，银行经营经验日趋丰富，理念日趋成熟，差异化经营意识趋强，逐渐由追随者变为领跑者，此时，地理复杂性的上升则降低了系统性风险。为刻画银行间贷款相似性，本章引入复杂网络理论，构建银行间贷款行业投向网络，并创新性地提取出每个节点的中心度作为模型的中介变量——贷款相似度（*loan_similar*）。银行间贷款行业投向网络构建方法如下：当两个银行同时投向同一行业①时，这两银行间的边为1，同时投向相同行业的数量表示两两银行间连接边的权重。网络模型的节点中心度表示该节点和其他节点连接的数量，连接越多表示银行间贷款投向更为相似。其中银行贷款行业投向为半年度数据，计算出该银行的中心度后，采取将上一季度的数据填补到上一季度数据的方法，进而转化为季度数据，并取对数②。

---

① 行业分类主要是根据国民经济统计局2011年的行业分类，共20个行业类型。
② 受篇幅所限，这里略去了银行来面向共同行业的投资网络图，备索。

6.5.2　委托代理机制

委托代理主要源于总行对分行及分行所在地区的信息掌握程度不及分行。因此,一开始,随着开设分行的地区数量的增加,总行收集与处理各地区产业结构、资源禀赋、营商环境等方面信息的成本急剧上升,信息不对称程度上升,委托代理冲击加剧。但随着进一步增加,银行跨区经营经验日渐丰富,新地区新信息的增量下降,总行对各地区的了解日益上升,此时,委托代理摩擦趋缓,系统性风险下降。这表明,地理复杂性对委托代理成本的影响可能具有开口朝下的倒 U 形规律。本章借鉴 Ho 等(2020)对总分行间代理成本的衡量方法,采用分支银行的利息收入占该银行总分行利息收入之和的比重,在此基础上引入距离进一步刻画总分行间的代理成本。计算方法如下:

$$agency_{it} = \frac{income_{it}}{total\_income_{it}} \times \ln distance_{it} \qquad (6-18)$$

其中,$income_{it}$ 表示第 i 家银行在 t 时所有分支银行的利息收入,$total\_income_{it}$ 表示第 i 家银行在 t 时所有分支银行与总行的利息收入之和,$\ln distance_{it}$ 表示第 i 家银行在 t 时总分行间平均距离的对数。

6.5.3　实证结果

根据上文分析,采用银行间贷款相似度($loan\_similar$)、总分行间的代理成本($agency$)作为中介变量,分别检验同行效应(Peer Effect)、委托代理摩擦(Principle-Agent)两种机制,借鉴柳士顺和凌文辁(2009)多重中介效应理论,以及温忠麟和叶宝娟(2014)中介效应检验的"三步法",进一步研究银行地理复杂性对系统性风险的内在机制。在 Heckman-2SLS 模型基础上进行中介效应检验,在对模型进行估计时,对各变量进行去中心化处理。为克服内生性问题,采用银行地理复杂性的滞后一阶、二阶作为工具变量进一步解决中介效应检验中可能存在的内生性问题。

回归结果如表 6-5 所示,两步检验均十分显著,第三步对中介变量总分行间的代理成本（agency）十分显著，贷款相似度（loan_similar）并不显著，因此进行 bootstrap 检验，结果在 1% 水平上显著，故中介效应成立（见图 6-12），同行效应机制、委托代理机制以间接效应占比分别为 3.8%、10.8%，委托代理机制的间接效应更大。

6.6 讨论

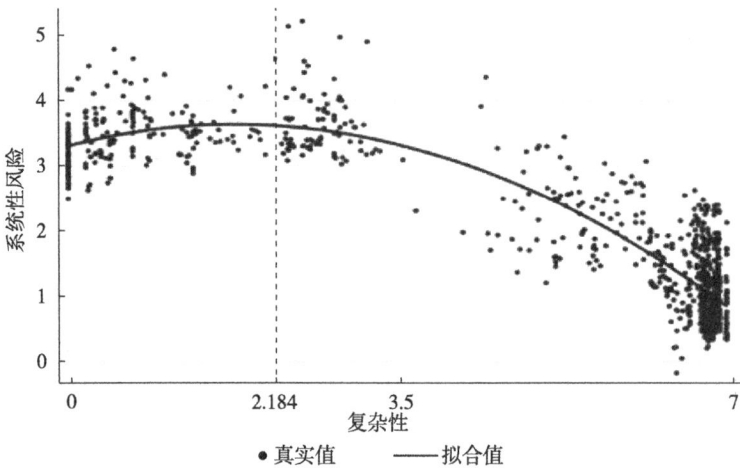

图 6-6 地理复杂性与系统性风险

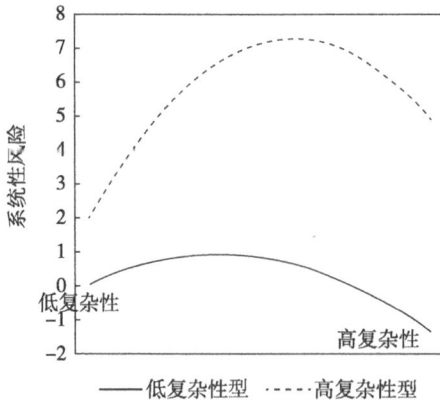

图 6-7 不同类型银行地理复杂性与系统性风险

6.6.1 我国银行业跨区域经济政策演化的经济学解释

为探讨地理复杂性与系统性风险之间的关系，根据表 6-4 第（5）列估计结果绘制了两者之间的倒 U 形曲线，结果见图 6-6。可以看出，当银行地理复杂性达到 2.184 时，系统性风险将达到最大。当系统性风险小于 2.184 时，地理复杂性会加剧系统性风险；当系统性风险大于 2.184 时，地理复杂性会抑制系统性风险。表 6-4 第（9）列及图 6-7 均表明，中小银行与大型银行地理复杂性对系统性风险的影响存在异质性。中小银行地理复杂性在上升过程中对系统性风险的影响更大，因此，叫停中小银行的跨区经营行为对于降低系统性风险更有效。

降低地理复杂性意味着限制、叫停既存银行的跨地经营甚至减少既有分支机构，对于新银行而言几乎没有跨地经营的可能性。

结合图 6-2 与图 6-3 发现，中小银行的地理复杂性在 2019 年前呈快速上升趋势，但是 2019 年之后，所有中小银行的地理复杂性基本呈下降或增速放缓态势。这与 2019 年后国家收紧甚至叫停新增异地分支机构的政策出台有关，也印证本章的推断。2008 年国际金融危机和 2010 年欧债危机的爆发对我国经济产生较大的下行压力，商业银行异地经营为国家一揽子经济刺激计划与宽松货币政策的实施创造了强有力的金融基础设施条件，有力地抑制经济颓势并使我国经济快速复苏。但是，在经济复苏的同时，落后产能过剩、宏观经济杠杆高企、资产泡沫化等问题日益突出，严重影响金融系统稳定性。党的十九大之后，党中央把防范化解重大风险作为全面建成小康社会的三大攻坚战之一，2019 年限制甚至全面叫停现有商业银行及新成立银行异地经营正是降低系统性金融风险的有力举措。

6.6.2 地理复杂性与系统性风险倒 U 形机制解释

实证检验结果表明，存在同行效应、委托代理成本在地理复杂性影响系统性风险的并行、独立中介效应，具体如图 6-8 所示。

（1）同行效应。我国银行业跨区经营并非同步，五大国有商业银行

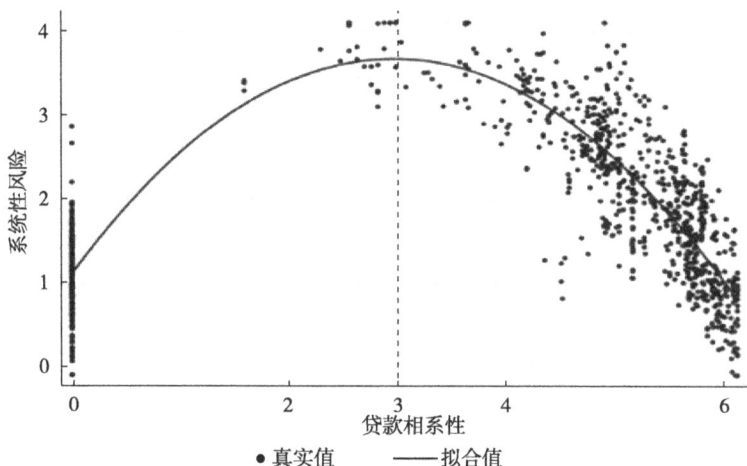

图6-8 贷款相似性与系统性风险

及重要的股份制商业银行进入市场早，经营时间长，跨区经营经验丰富，资本雄厚，市场占有率高，且市场容量大、空间广，市场定位与战略更成熟。此时，各银行间的共同贷款网络较为稀疏，仅为局部关联，即Allen和Gale（2000）所谓的不连通网络结构。由于只有局部几家银行间相互连通，当某一地区或某一银行面临风险冲击时，只会影响相关几家银行，只会引起局部危机，无法形成整个系统的危机。

2006年后，新进入市场并跨区经营的银行多为中小银行，中小银行（城市商业银行、农商行及村镇银行等）进入市场晚，跨区经营经验不足，市场占有率低。因此，跨区经营初期，银行为融入当地经济发展，往往会模仿当地资本雄厚、经验丰富银行的资产投向，形成"羊群效应"，这无疑加剧了银行间资产同质性，共同风险敞口上升，系统性风险趋于上升。此时，银行间的共同贷款网络逐渐由不连通市场结构转化为不完全市场结构（Allen和Gale，2000），即银行整体上是连通的，银行只与邻近银行直接相连，通过间接方式与其他银行相连。某一银行或某一地区受到冲击时，可以传染到整个系统，此时整个系统的风险承受能力较弱，风险分散效果较差，一旦最初受到冲击的几家银行倒闭后，会使整个系统都陷入危机。

随着中小银行继续扩大跨区域经营范围，银行地理复杂性进一步上升，进入市场较早的部分中小银行通过"干中学"不断积累跨区经营经验，在模仿中积累，在积累中创新，实现了模仿—积累—创新的发展路径，产品差异化明显提升，定价能力更强，逐渐成为市场的"领头羊"和枢纽节点，从模仿其他银行变成其他银行的模仿对象，此时共同贷款网络由不完全市场结构转变为完全市场结构（Allen 和 Gale，2000）。此时，某一银行或地区受到冲击时，能迅速传遍整个系统，分散风险的能力达到最大，风险缓释、缓冲能力也是最强，从而提高了金融系统的稳定性。

以上分析表明，随着地理复杂性的上升，共同贷款网络中各银行的度中心性不断上升，两者为单调上升关系；但是贷款相似性 loan_similar 与系统性风险之间则因为网络结构的变化成倒 U 形关系（见图 6–8），共同贷款网络的连通结构经历了局部关联—不完全关联—完全关联三个阶段（见图 6–9、图 6–10、图 6–11），系统性风险呈现出先上升后下降的倒 U 形结构（见图 6–6）。与此相对应地，银行间共同贷款网络的网络密度呈现出先稳中有升，然后快速上升的变化趋势（见图 6–11）。2006 年前，我国银行业网络密度稳中有升平均密度为 0.15，2006 年 143号文实施后，网络密度上升仍然较为平缓，2009 年进一步放开政策后，网络密度上升速度加快，2006—2009 年网络密度平均为 0.2 左右，对应着 Allen 和 Gale（2000）所谓的不连通网络结构；2009—2016 年，网络密度由 0.2 快速升至 0.8 左右，2016 年后，所有银行间几乎为全连通状

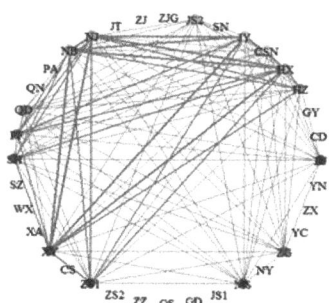

图 6–9　共同贷款网络（2008 年）

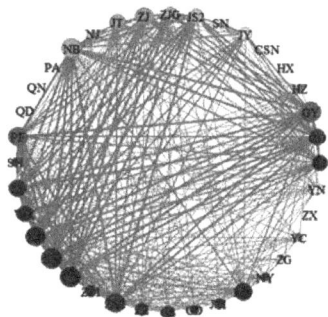

图 6–10　共同贷款网络（2017 年）

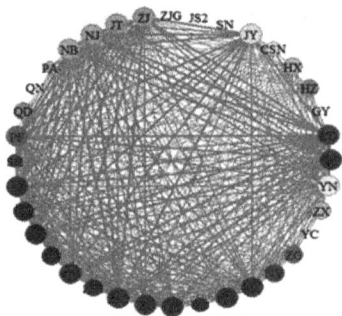

图 6 - 11 共同贷款网络 (2019 年)

态,网络密度在 0.8 ~ 1 之间,与完全市场结构 (Allen 和 Gale,2000) 相对应。

可以看出,银行地理复杂性的上升通过同行效应改变着银行之间的网络结构,突出表现为银行业共同贷款网络密度的变化,从而使得地理复杂性对银行系统性风险的传染特征呈现倒 U 形的作用规律。

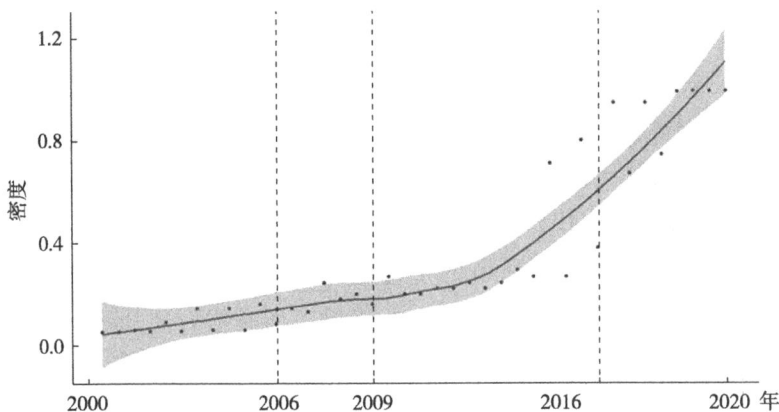

图 6 - 12 共同贷款网络密度变化

(2) 委托代理成本。银行异地分支机构初入市场时信息收集成本随着分支机构及地理复杂性的上升呈现出先上升后下降的变化趋势。银行异地分支机构较少时,总行收集与处理各地区产业结构、资源禀赋、营商环境等方面信息的成本急剧上升,信息不对称程度上升,委托代理冲击加剧。但是,随着跨区经营数量的上升及经营的积累,新设立分支机

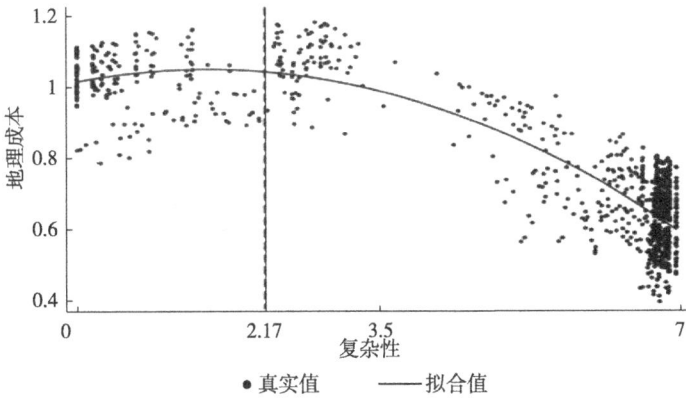

图 6 – 13　地理复杂性与委托代理成本

构所在地产业结构、资源禀赋、营商环境等方面的新信息越来越少，从而使得地理复杂性与委托代理成本成倒 U 形关系。表 6 – 5 第（3）列估计结果也表明两者成倒 U 形关系，该关系在图 6 – 13 中得到进一步确认。

表 6 – 5　　　　　　　　　　　并行中介效应模型

变量	$\Delta CoVaR$ （1）	$loan\_similar$ （2）	$Agency$ （3）	$\Delta CoVaR$ （4）
$complexity$	0.546 *** （4.54）	0.443 *** （3.07）	0.078 ** （2.55）	0.732 *** （4.78）
$complexity^2$	− 0.125 *** （−6.03）		− 0.018 *** （−3.92）	− 0.193 *** （−7.15）
$loan\_similar$				0.004 （0.51）
$agency$				− 0.485 *** （−3.60）
λ	0.004 （0.02）	1.057 * （1.74）	0.128 * （1.91）	0.108 （0.44）
控制变量	控制	控制	控制	控制
个体效应	控制	控制	控制	控制
时间效应	控制	控制	控制	控制
R^2	0.783	0.664	0.314	0.791
$adj. R^2$	0.751	0.62	0.225	0.761
N	828	985	795	737

银行委托代理成本源于总行与分支机构间的信息不对称，突出表现为分支机构触碰内外部监管部门的监管底线以牟取非正当利益。委托代理冲突越严重，资产质量降低程度越严重，风险暴露越高，这种影响被迅速扩大，提高了系统性风险。

基于以上分析，我们在图 6 - 14 中绘制了同行效应与委托代理成本在地理复杂性影响系统性风险的并行、独立中介机制。

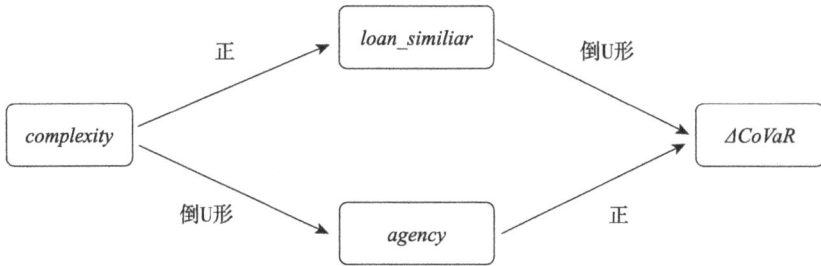

图 6 - 14　中介效应示意图

6.7　本章小结

金融管制放松背景下，银行业跨区经营带来的地理复杂性引起国际范围广泛关注，而地理复杂性对系统性风险的影响成为关注的焦点。基于此，本章采用 2000 年第二季度至 2020 年第三季度 36 家上市银行非平衡面板数据，分别基于 $\Delta CoVaR$（Adian 和 Brunnermeier，2016）方法及距离修正后的 CG 方法（Cetorelli 和 Goldberg，2014）测算各银行的系统性风险及地理复杂性，就地理复杂性对银行系统性风险的影响进行了实证研究，借鉴王擎等（2012）、李广子（2014）、Goetz 等（2013）、李双建（2017）和蔡卫星（2016）等的研究，采用 Heckman - 2SLS 方法解决样本选择偏误、双向因果等带来的内生性问题，并进一步从同行效应（Peer Effect）、委托代理摩擦（Principle - Agent）两个方面实证检验了地理复杂性对系统性风险的影响机制。具体地，引入复杂网络理论，创新地采用银行间贷款投向网络度中心性衡量银行间贷款相似度（loan _ *similar*），作为中介变量检验同行效应，此外也检验了银行间代理成本（*agency*）的中介作用，对地理复杂性影响系统性风险的内在机制进一步探索。得到以下结论：

第一，银行地理复杂性对系统性风险具有显著的非线性影响，成倒U形关系，进一步支持了 Allen 和 Gale（2000）观点。当银行地理复杂性小于 2.184 时，随着地理复杂性的上升，系统性风险逐渐增大。

第二，银行地理复杂性对系统性风险的影响存在同行效应机制、委托代理摩擦两种中介机制。首先，同行效应主要是同一个市场中银行间追随—领导的关系。初入某一市场时，为减少信息搜寻成本以及考虑到经理人的声誉问题，分支银行大多会趋向模仿当地实力较为雄厚的银行的贷款投向，增大了银行间贷款投放相似度，进而增大银行系统性风险。随着银行跨区域经营的进行，银行经营经验日趋丰富，理念日趋成熟，差异化经营意识趋强，逐渐由追随者变为领跑者，此时，地理复杂性的上升则降低了系统性风险。其次，委托代理问题主要是由总分行间的信息不对称导致的。进行跨区域经营的初期，总行间的委托代理问题突出，导致系统性风险上升，随着银行跨区经营经验日渐丰富，公司治理日渐完善，新地区新信息的增量下降，总行对各地区分行的了解日益上升，委托代理摩擦趋缓，监管日益完善成熟，系统性风险下降。

本章的建议如下：

第一，《巴塞尔协议Ⅲ》和我国银保监会颁布的《系统重要性银行评估办法》均将银行复杂性纳入系统重要性银行的评价指标体系，但这一复杂性更侧重银行业务复杂性，对地理复杂性的关注不够。监管当局要加深对地理复杂性的认识，重视并加强对银行地理复杂性的监测与评估，将银行地理复杂性纳入当前我国系统重要性银行评价指标体系，构建和识别银行地理复杂性与系统性风险之间的反应函数。第二，完善现有银行跨区经营管理规定，将地理复杂性纳入审核指标体系。在测度各银行的地理复杂性基础上，对银行的跨区经营进行分类监管与许可：对于低于地理复杂性门限值（2.184）的银行，严格限制其跨区经营行为，鼓励其在本地区或相邻地区深耕，进行专业化经营；对于超过地理复杂性门限值的银行，鼓励其跨区经营，增强我国各地区金融可得性，加大普惠金融实施力度。第三，完善银行的公司治理机制，限制中小银行与大型银行间的共同股东数量，约束同质竞争，降低系统性风险。

第7章 多层网络视角下银行业网络结构与系统性风险关系研究

7.1 引言

系统性风险牵一发而动全身，防范系统性金融风险，是现阶段我国金融工作的根本性任务①。各银行因错综复杂的联系形成银行业复杂网络。银行业网络为个体银行带来诸多经济收益的同时，也为风险扩散提供了传染通道（Allen 和 Gale，1998）。随着经济的持续发展，各银行间的关联性呈现多重性与复杂性不断上升的趋势，合理刻画并捕捉银行间多重、复杂网络结构对厘清系统性风险作用机理与传播路径具有重要意义，有助于我国经济高质量发展。反观现有研究，大多数学者基于单层网络审视银行网络结构对系统性风险的影响机制（Demirer M，2017；王子丰等，2018；王海林等，2019）。该类研究忽视了银行间关联的多重性，这与银行在不同属性的网络中扮演不同角色的事实不符，仅关注单层网络易引发研究结果偏误及模型风险。因此，基于多层网络研究系统性风险的形成与传染机制就显得尤其重要。多层网络相较于单层网络更能刻画银行之间的多维相关性，与现实复杂系统更为相符。当前，国内学者对银行业多层网络的探索十分有限，仅有的研究多基于银行股票价格的多维相关性构建银行业多层网络，进而研究对系统性风险的影响（李守伟，2019）。该种方式下的系统性风险测算本就基于股票价格，且

---

① 习近平总书记于 2019 年 2 月 22 日在中共中央政治局就完善金融服务、防范金融风险举行的第十三次集体学习中提出。

基于股票价格构建的各层网络缺乏明确的经济含义，各网络的属性不清晰，模型易陷入以"股价波动"解释"股价波动"的困境，未能分析银行股价关联背后的本质。需要指出的是，随着数据可得性的上升及计算能力的提升，银行节点之间多层关联性是可以捕捉的，且多层次的关联既有明确的界限划分，又存在显著的互动效应，系统性金融风险有可能在某一单层网络传染的同时，也会在不同层次网络间传染，系统性金融风险的传染呈现立体式传染，这无疑使得系统性金融风险的传染路径更为复杂多变。基于此，防范系统性风险于未然必须精准识别银行多重网络结构特征与动态演化规律。这为本章从多层网络视角审视系统性风险提供了新视角，也构成了本章的研究动机。

鉴于此，利用我国 16 家上市商业银行 2010 年第三季度至 2020 年第四季度数据，构建动态决策层网络（基于共同股东形成的共同股东网络）与动态经营层网络（基于共同贷款形成的债权网络与基于共同持股房地产公司形成的股权网络），在多层网络特征及系统性风险的基础上，实证检验了银行系统性风险传染的多层复杂网络特征及作用机制。本章结构安排如下：第二部分为文献述评；第三部分为研究设计，包括银行系统性风险测度、多层网络构建以及实证模型设定；第四部分为实证研究；第五部分为进一步机制研究，第六部分为主要结论。

7.2　文献述评

关于银行业系统性风险的识别，现有研究主要从三个角度切入。一是通过对银行微观、宏观财务指标赋重的方式综合评价系统性风险。代表性的有美国金融管理局发布的"骆驼"（CAMELs）评级体系，通过资本充足率、资产质量、管理水平、盈利状况和流动性五个方面，间接构建综合评级体系，得到国际学者的广泛应用。Hasan 等（2015）、Kanagaretnam K 等（2016）基于 CAMELs 模型分别对全球银行信贷风险定价的适用性以及美国房地产业对银行业的冲击进行了探讨。我国银保监会基于我国国情对 CAMELs 体系进行了改进，创造了更适用我国大型银行的腕骨（CARPALs）监管体系。该方法虽可综合评价银行系统性风险，但时效性较弱，数据准确要求严格，对系统性风险的直接识别能力有待商榷。因此出现了第二种角度，二是银行风险敞口出发，构建识别体系。姚鸿等（2019）基于银行系统拆借关系、减价出售两种风险敞口识别系统性风险，分析投资组合多元化的异质性影响。隋聪等（2019）从银行不良资产视角切入，运用计算实验识别系统性风险。周晔等（2021）从信贷扩张、房地产市场泡沫化角度出发识别系统性风险，检验宏观审慎政策的有效性。三是通过上市银行的股票价格数据构建风险预警模型。运用的主要算法模型包括条件在险价值法（CoVaR）、边际期望损失（MES）以及系统性风险指数（SRISK）。其中，*CoVaR* 模型由 Adrian（2011）提出，因其普遍适用性获得国内外学者广泛应用。白梅雪等（2014）基于 CoVaR 方法识别 2008 年以来我国金融业系统性风险，验证了银行业是我国金融风险最大的传染源。Adrian 等（2016）继续改进 *CoVaR* 模型，提出 Δ*CoVaR* 模型以分解出系统承担的风险量，该模型因其捕捉金融机构尾部风险能力较强，被国内学者广泛应用。

关于银行业系统性风险的影响机制，现有研究经历了由计量经济学模型为主导向计量经济学与网络科学交叉融合的演变历程。前者主要分为两类：第一类研究从银行体系内部出发，认为内部因素是系统性风险的主要来源。张琳等（2020）认为，银行业体系竞争的加剧会提高商业银行批发性融资进而诱发系统性风险。第二类文献基于银行体系外部视角，探究外部因素对系统性风险的影响。朱凯等（2020）认为，影子银行规模对银行系统性风险有着显著的促进作用；黄秀路等（2019）识别了货币政策调整对银行系统的冲击。上述研究各有侧重，但忽略了银行在实际经营过程中复杂联系直接影响风险传导这一事实。随着网络科学的兴起，现有学者将复杂网络分析范式扩展至系统性风险领域，即探究银行复杂网络对系统性风险的影响，其中，基于单层复杂网络对系统性风险的研究较为丰富。关于银行业单层网络的构建，学术界主要从四个方向开展了研究。

第一，通过银行资产负债表的双边借贷关系构建同业拆借网络，探讨信用风险对网络的冲击。国外对于同业拆借网络的探索较为丰富，Allen 等（2000）以银行业为例，重点分析银行持有同业债权行为受到流动性冲击时如何引发金融风险蔓延。在此基础上，Upper 等（2004）通过德国银行业资产负债数据构建银行业双边信贷关系网络，估算尾部风险对系统的冲击。国内早期学者马君潞等（2007）利用矩阵法构建中国银行间拆借网络，进而研究银行双边风险传染机制。该文较为完备地运用银行表内业务构建系统网络，得到国内学者的一致认可。李守伟等（2011）在此基础上运用阈值法测试银行同业拆借网络的稳定性，认为国内市场对外部冲击有着较强的抵御能力。黄玮强等（2019）在最大熵方法的基础上引用最小密度约束方法间接推断银行业同业拆借网络，发现最小密度法约束构建的网络风险传染能力更强、更具预警意义。需要指出的是，上述网络均为静态网络，与实际存在一定差异，范宏等（2020）通过构建银行间动态内生拆借网络模型，试探究其内在演化规律，进一步丰富了现有研究。

第二，通过银行间的支付系统渠道构建银行业网络模型，研究流动性风险传染路径。该种网络的建立以大量、实时结算系统数据为基础，对数据的实时性、连续性要求较为严格，因此国内外对于该层面的网络探讨较为有限。现有研究多以 Diamond 等（1983）提出的银行挤兑模型为基础，运用仿真模拟与实际数据结合的方式刻画网络结构特征。国内代表性的文章有黄聪（2010）等，该研究首次将我国银行支付结算数据引入实证建模，具有里程碑的意义。后续研究如王鹏等（2020）在此基础上，采用随机动态模型与代数动力学方法，探讨系统性风险及其概率演化规律，论证了我国银行网络易遭受尾部冲击的观点。

第三，通过上市银行股价波动的关联性构建网络，侧重于评估银行在系统中的位置优势。Demirer M（2017）运用 150 家全球上市银行公开交易的高维网络，测度全球银行业静态与动态网络连通性。近年来，国内对于该方面的探索较为成熟，蒋海等（2018）利用中国上市银行股票交易数据测度尾部风险传染网络，王子丰等（2018）运用中美上市银行股价交易数据，刻画中美银行间的风险传染途径。李守伟等（2019）运用我国 16 家上市银行股价收益率测算 $\Delta CoVaR$，探究银行网络结构对系统性风险的影响，张兴敏等（2020）通过 $\Delta CoVaR$ 构建金融系统尾部风险传染网络模型，厘清银行业尾部风险网络传染效应。

第四，通过银行共同董事、共同股东、共同贷款等产生的复杂网络，重点分析银行经营行为的网络传播对系统性风险的影响。Johnson 等（2012）使用中欧银行员工的电子邮件往来构建信息网络。王海林等（2019）以我国僵尸企业为例，通过银行业对僵尸企业的共同贷款构建网络，发现共同贷款行为显著增加了银行业整体风险。王超等（2019）从银行间共同资产角度出发，构建间接关联网络，论证了通过投资市场关联建立的网络具有小世界、无标度的特征。

从单层网络角度出发，对银行业单层复杂网络领域进行研究，为本章研究奠定了扎实的文献基础。但需要指出的是，现有研究忽略了银行实际经营过程中动态、多样、复杂的关联性特征，用单层网络建模可能会引发研究结果偏误及模型风险，导致风险错估（Borboa，2015）。甚至有学者认为，基于单层联系的网络不能正确地表征和解释银行复杂系统（Aldasoro，2016）。因此，基于多层网络识别银行系统的动态关联性逐步被学术界认可。

Poledna（2015）通过构建墨西哥银行信用、衍生品、外汇和证券四个层面的金融契约收益率关联网络模型，刻画多层网络结构下系统性风险的传导机制。Aldasoro（2016）引用欧洲大型银行之间的风险敞口数据集，按照期限结构与衍生品类型分解进而构建风险敞口多层网络，发现欧洲系统重要性银行网络呈现显著的鲁棒性与脆弱性。Namaki（2019）应用伊朗资本市场中的银行收益、交易量和市值三个层次构建多层网络，验证多层网络结构下的银行系统稳定性与连通性较单层网络更加稳健。当前，国外基于复杂性科学的单层网络分析较为多见，多层金融网络研究则刚刚起步，国内该领域的研究更少，龚晨等（2018）通过梳理国内外银行网络学术领域的研究成果发现，多层金融网络研究非常少。国内代表性学者李守伟（2019）利用我国上市银行三种股票收益率构建关联网络，进一步分析银行业多层网络结构对系统性风险的影响，发现度中心性显著影响对系统的风险溢出。在原有研究的基础上，李守伟（2020）将原有研究范式拓展至金融机构多层网络模型，重点分析收益层网络之间的关联性演化规律特征，进一步论证了多层网络研究范式的广泛适用性。这一系列文章填补了国内现有研究的空白，得到了学者们的一致认可。

综上所述，学术界对银行业单层网络以及系统性风险进行了深入、系统的研究，主要的不足在于：第一，现有研究多基于单层复杂网络理论，忽略了银行间联系的复杂性、多重性，对系统性风险传染的研究较为片面，建立在网络连通性基础上的系统性风险测度可能存在偏差甚至失真。事实上，系统性风险既可能在共同股东构成的决策层网络内扩散与传染，也可能在共同贷款网络（债权投资网络）与共同持股房地产网络（股权投资网络）内扩散与传染，还有可能在不同层网络之间传染，需要进一步实证检验。第二，在为数不多的多重网络研究中，银行多层网络的建立多基于股价（收益）相关性，银行多层网络的建立较为简单，银行间多重关联的具体经济含义不清晰，从而无法为防范和化解系统性风险提供可操作性的建议。第三，基于股价相关性建立的多层网络仅能表征投资者对各银行基本面的共同感知与情绪趋同，对于揭示系统性风险的传染机制仍然处于黑盒状态。本章将银行间的关联网络分为决策层网络与经营层网络，前者为银行间共同股东网络，后者分别为共同贷款网络（债权投资网络）与共同持股房地产网络（股权投资网络），并实证检验了银行业决策层网络分别通过共同贷款网络（债权投资网络）、共同持股房地产网络（股权投资网络）最终影响系统性风险的作用机制。

与现有研究相比，本章的边际贡献：第一，构建银行业多层网络，探索多层网络结构对系统性风险的影响机制。基于银行的共同股东数据、共同贷款数据以及共同持股房地产数据构建三层网络，网络联系更为真实客观，具有明确的经济含义，可解释性强，能够更清晰地揭示银行业系统性风险的形成与传染机制。第二，重点分析多层网络的拓扑结构与聚类特征，对多层网络进行社团分割探讨网络内在演化规律。第三，本章将多层网络划分为决策层与经营层两个层级，探讨上下层级网络之间的互动效应对系统性风险的影响。第四，构建中介效应模型，探讨银行多层网络影响系统性风险溢出的作用机理，填补了现有研究的空白。

7.3　研究设计

7.3.1　银行业系统性风险

基于 $\Delta CoVaR$ 理论对系统性风险进行测度，现有研究主要分为两类：一是通过 $GARCH-CoVaR$ 模型进行估计，二是通过分位数 $CoVaR$ 模型进行估计。相较于第一类研究，第二类研究引入了状态变量，使得模型结果更具适应力。本章基于 Adrian 等（2016）提出的改进 $\Delta CoVaR$ 理论，采用分位数回归模型，对中国 16 家上市银行系统性风险进行测度。首先计算各上市银行股票价格日收益率，如式（7-1）所示。

$$R_t^i = 100 \times \ln \frac{P_t}{P_{t-1}} \qquad (7-1)$$

其中，P_t 为上市银行当日股票收盘价，P_{t-1} 为前一日股票收盘价。进一步进行分位数模型回归。具体如式（7-2）、式（7-3）、式（7-4）所示：

$$R_t^{system} = \alpha_q^{system|i} + \beta_q^{system|i} R_t^i + \gamma_q^{system|i} M_t + \varepsilon_q^{system|i} \qquad (7-2)$$

$$VaR_{q,t}^i = \hat{\alpha}_q^i + \hat{\gamma}_q^i M_t \qquad (7-3)$$

$$CoVaR_{q,t}^{system|i} = \hat{\alpha}_q^{system|i} + \hat{\beta}_q^{system|i} VaR_{q,t}^i + \hat{\gamma}_q^{system|i} M_t \qquad (7-4)$$

其中，M_t 为状态变量。通过式（7-2）、式（7-3）、式（7-4）可计算出每家上市银行正常状态下（q=0.5）以及在处于极端风险状态下（q=0.05）不同的 $CoVaR$ 值，进而测算出银行处于极端风险状态条件下，对系统贡献的风险溢出净值（$\Delta CoVaR$）。具体如式（7-5）所示：

$$\Delta CoVaR_{q,t}^{system|i} = CoVaR_{0.05,t}^{system|i} - CoVaR_{0.5,t}^{system|i} \qquad (7-5)$$

7.3.2　多层银行网络的构建

本章利用中国 16 家上市银行 2010 年第三季度至 2020 年第四季度多

维数据，构建动态多层网络：基于银行间共同股东构建的上层（决策层）网络及基于银行间共同贷款业务、对房地产行业的共同持股构建的下层（经营层）网络。

（1）上层（决策层）网络。查找各银行前 10 大股东，若两两银行间具有共同股东，则两个银行间存在连边，否则不存在连边，由此形成银行间 1 - 模邻接矩阵，进而构建上层共同股东网络。需要说明的是，为了反映网络中各银行间的连接强度，这里以任意两家银行的共同股东数量占总共同股东数量的比重作为权重，从而构建权重网络。

（2）下层（经营层）网络——共同贷款网络。首先，建立由银行与上市公司为网络节点的 2 - 模网络。具体地，若样本期内银行向上市公司贷款，则存在连边，否则不存在。需要说明的是，为了反映银行与上市公司间的连接强度，这里以银行与上市公司间贷款笔数占总贷款笔数的比重作为权重，构建为权重网络。其次，根据任意两家银行是否存在共同的贷款客户，将以上 2 - 模网络转化为 1 - 模网络，建立银行业共同贷款网络。

（3）下层（经营层）网络——共同持股房地产企业网络。首先，建立由银行与房地产公司为网络节点的 2 - 模网络。具体地，样本期内某银行若持股某房地产企业，则该银行与房地产企业间存在连边，否则不存在。由此生成银行与地产公司间的 2 - 模网络。需要说明的是，为了反映银行与房地产业间的连接强度，这里以银行持股房地产企业的数量占总数量比重作为权重，构建为权重网络。其次，根据任意两家银行是否共同持股同一家房地产企业，将以上 2 - 模网络转化为 1 - 模网络，建立银行业共同持股房地产业网络。

（4）多层网络综合度中心性的测算。首先，分别提取三层网络的各银行节点的度中心性，详见式（7 - 6）。

$$Degree_i^k = \sum_{j=1}^{V} X_{ji} \qquad (7-6)$$

其中，$Degree_i^k$ 表示节点 i 在第 k 层网络的程度中心度，V 表示第 k 层网络中节点的数量，X_{ji} 表示节点 j 与 i 之间连边的数量，j 的取值范围为 1 ~

V，且 j 不等于 i。

其次，借鉴 Hmimida 等（2015）的做法，本章采用信息熵函数构建多层网络复合中心性。计算方式见式（7－7）。其中，n 代表网络的层数，$Degree_i^{total}$ 表示节点 i 在多层网络度的总和，$Degree_i^k$ 表示节点 i 在第 k 层网络中的度。

$$Dmul_i = -\sum_1^n \frac{Degree_i^k}{Degree_i^{total}} \log\left(\frac{Degree_i^k}{Degree_i^{total}}\right) \qquad (7-7)$$

除了采用以上方法测算多重网络的复合中心性外，这里还采用主成分分析法对三层网络的度中心性进行降维，以第一主成分 F1 表示多层网络复合度中心性。

7.3.3　模型设定

本章采用双向固定效应面板数据模型，采用全面可行广义最小二乘（FGLS）模型进行基准回归（陈强，2010）。以季频 $\Delta CoVaR$ 作为被解释变量，多层网络度中心性 $Dmul$ 为核心解释变量，主模型设定见式（7－8）。其中，$Control$ 表示控制变量，$Bank_i$ 与 $Quarter_t$ 分别表示银行个体效应与时间效应，$\varepsilon_{i,t}$ 表示误差项。

$$\Delta CoVaR_{it} = \alpha_i + \beta Dmul_{it} + \sum_{k=1}^n \gamma_k Control_{k,i,t} + Bank_i + Quarter_t + \varepsilon_{i,t}$$

$$(7-8)$$

为细致考察各单层网络对系统性风险溢出的影响，比较各单层网络与多层网络的外溢差异，以厘清多层网络作用机理，本章还基于单层网络构建了如下三个回归模型，具体如式（7－9）、式（7－10）、式（7－11）所示。其中 $Holder$、$Loan$、$Property$ 分别表示共同股东网络的度中心性、共同贷款网络的度中心性与持股地产企业网络的度中心性。

$$\Delta CoVaR_{it} = \alpha_i + \beta Holder_{it} + \sum_{k=1}^n \gamma_k Control_{k,i,t} + Bank_i + Quarter_t + \varepsilon_{i,t}$$

$$(7-9)$$

$$\Delta CoVaR_{it} = \alpha_i + \beta Loan_{it} + \sum_{k=1}^n \gamma_k Control_{k,i,t} + Bank_i + Quarter_t + \varepsilon_{i,t}$$

$$(7-10)$$

$$\Delta CoVaR_{it} = \alpha_i + \beta Property_{it} + \sum_{k=1}^{n} \gamma_k Control_{k,i,t} + Bank_i + Quarter_t + \varepsilon_{i,t}$$

$$(7-11)$$

7.4 实证分析

7.4.1 样本选择

为获得平稳面板数据并兼顾样本的代表性，这里将研究区间设定为 2010 年第三季度至 2020 年第四季度。具体地，样本包括我国 16 家上市商业银行，包括五大国有商业银行（工商银行、农业银行、建设银行、中国银行、交通银行），8 家股份制商业银行（中信银行、浦发银行、兴业银行、民生银行、光大银行、华夏银行、招商银行、平安银行），3 家城市商业银行（北京银行、南京银行、宁波银行）。截至 2020 年末，16 家上市银行的资产总计占整个银行业总资产的比重达到 73.17%[1]，具有较强的代表性。

7.4.2 CoVaR 的测算

日频 $\Delta CoVaR$ 的获取是基于 2010 年 7 月 1 日至 2020 年 12 月 31 日共计 2594 个交易日内各股收盘价格数据、沪深 300 银行成分股收盘价格数据，通过式（7-1）计算收益率。在状态变量的选取上，本章结合白雪梅等（2014）的研究，考虑到以下四个方面：第一，市场波动程度。运用 GARCH 模型对沪深 300 指数收益率进行估计，提取条件方差作为市场波动程度的代理变量。第二，流动性利差。用 3 个月期的 SHIBOR 利率与 3 个月期国债到期收益率的差值作为流动性利差的代理变量。第三，期限利差。用 10 年期限国债到期收益率与 1 个月期国债到期收益率之差作为期限利差的代理变量。第四，信用利差。用 1 年期 AAA 级商业银行

---

① 结果基于国泰安数据库银行业 2020 年资产总计测算得出。

普通债到期收益率与 1 年期国债到期收益率之差作为信用利差的代理变量。进一步采用分位数模型回归，计算出日频 $\Delta CoVaR$ 数据。如图 7 - 1 所示，我国 16 家上市商业银行日频 $\Delta CoVaR$ 数据走势基本趋同，在 2015 年股市暴跌期间呈现出较大幅度的波动，其余时点一直围绕均值上下浮动，表明我国银行受外部冲击时有较强的恢复能力。受疫情冲击，各银行对系统性风险溢出的贡献有较大幅度的波动，并且出现显著性差异，系统重要性银行相对于其他银行的风险外溢更强。

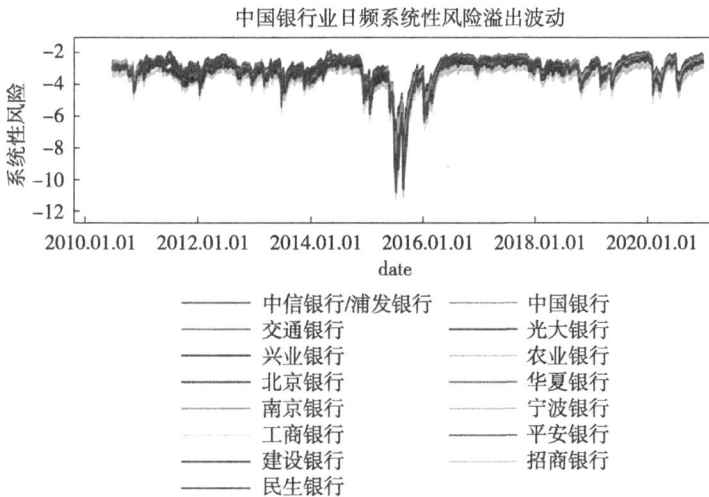

图 7 - 1　我国银行日频 $\Delta CoVaR$ 波动

7.4.3　银行业多层网络分析

本章基于 2010 年第三季度至 2020 年第四季度 16 家银行季度数据构建三层银行网络，分别构建上层（决策层）共同股东网络、下层（经营层）共同贷款网络与下层（经营层）持股房地产企业网络。图 7 - 2 至图 7 - 4 分别展示了银行系统 2010 第三季度、2020 第四季度银行系统多层网络图，发现我国银行多层网络节点与边的数量均有显著提升，我国银行多层网络的规模不断扩大，网络连接趋向复杂化。进一步观察发现，各层网络均有显著差异，各个银行节点通过共同股东、共同贷款进行的联系增多，而通过共同持股房地产企业的联系却显著下降。

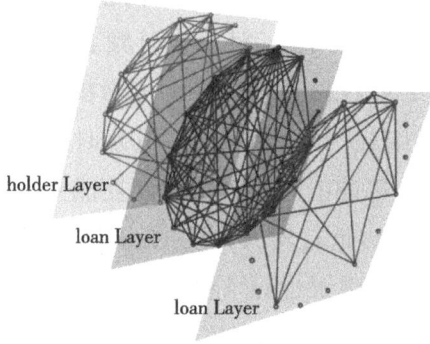

图 7 - 2　2010 年第三季度银行系统多层网络

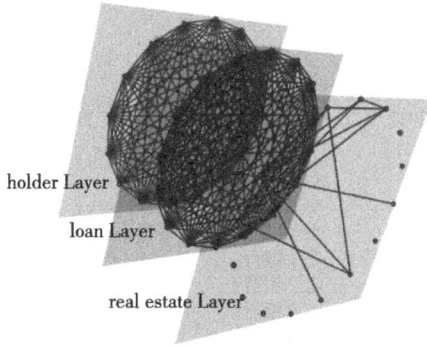

图 7 - 3　2015 年第三季度银行系统多层网络

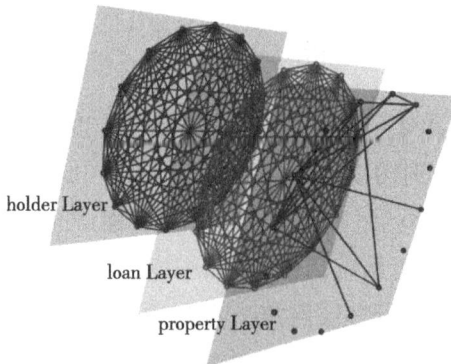

图 7 - 4　2020 年第四季度银行系统多层网络

为进一步捕捉银行系统多层网络的时变特征及规律，本章提取各层网络在 2010 年至 2020 年的密度、聚类系数和平均路径长度。图 7 – 5 至图 7 – 7 展示了银行系统多层网络的动态网络特征。通过观察不难发现：我国银行业各层网络呈现出显著的小世界特征，即平均路径长度较短但聚类系数较高。在网络密度方面，共同股东网络密度与共同贷款网络密度均呈现波动上升的趋势，我国银行业通过交叉持股行为与共同贷款行为建立的联系越来越紧密，特别是共同贷款网络，已贴近全局耦合网络。值得注意的是，2015 年第二季度后共同股东网络密度有较大幅度的跃迁。一个可能的原因是，2015 年股市暴跌的发生使各银行股价急剧下挫，各银行的系统性风险急剧攀升（由图 7 – 1 可知）。为提升金融系统稳定性，作为大股东的重要组成部分，国有资本的增持成为重要的风险防范手段，这在提高各行资本充足率的同时也提高了各行之间的网络密度。银行持股房地产企业网络的密度呈震荡下降态势，表明银行业正在逐步脱离对房地产行业的股权投资业务。在网络聚类系数方面，共同股东层网络与共同贷款层网络的聚类系数均呈波动上升趋势，但持股地产企业网络的聚类性在样本期内走势较为复杂，先波动下降再显著上升。在网络效率方面，各层网络的效率显著提高，表现为平均路径长度波动下降。说明我国银行业网络整体效率提高，网络信息传递速度增快，但风险的传播速度加快，范围也显著扩大。

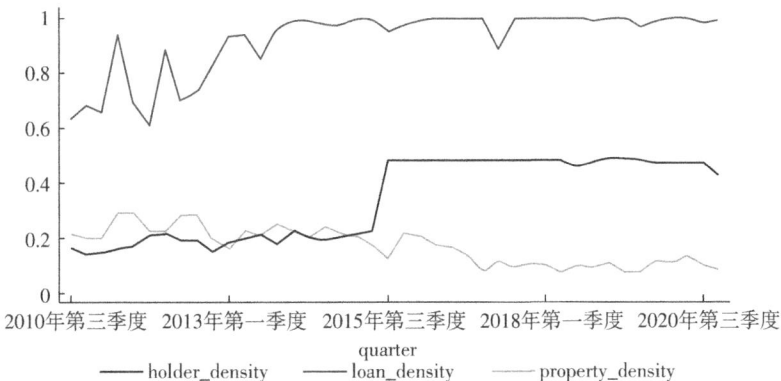

图 7 – 5　多层网络密度变迁

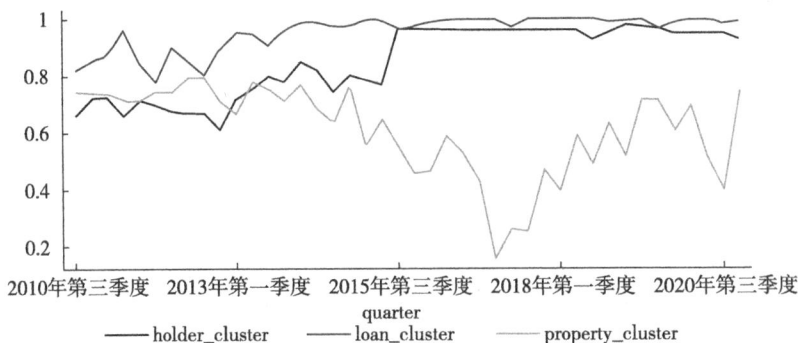

图7-6 多层网络聚类系数变迁

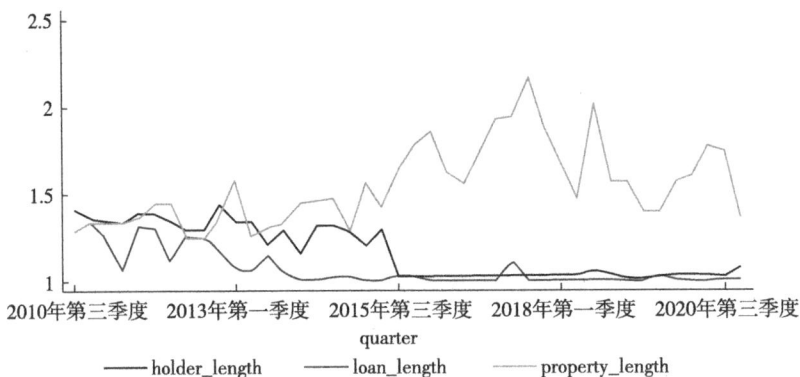

图7-7 多层网络平均路径长度

综上所述，银行系统多层网络呈现小世界特性，网络密度、集聚性以及信息传递效率逐年增高。多层网络为优质信息与资源提供高效便利的共享渠道，也为系统性风险的传播与扩散提供了温床，使系统性风险爆发时跨层次的传播能力大幅增强，银行网络的"双刃剑"效应更加突出。

为探究银行业内部节点聚类情况，本章根据 Clauset 等（2004）的研究，采用快速贪婪优化算法对银行系统多层网络进行社团划分。其中共同贷款层网络贴近全局耦合网络，聚类分割无实际意义，因此本章只对共同股东网络与共同持股地产企业网络进行社团分割。具体结果如图7-8和图7-9所示。

2010 年第三季度　　2012 年第二季度　　2014 年第一季度　　2015 年第四季度

2017 年第三季度　　2019 年第二季度　　2020 年第一季度　　2020 年第四季度

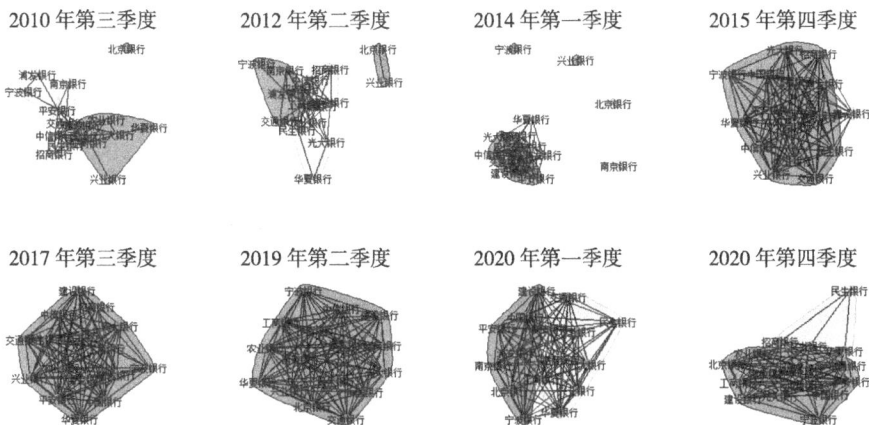

图 7 - 8　共同股东网络社团分割

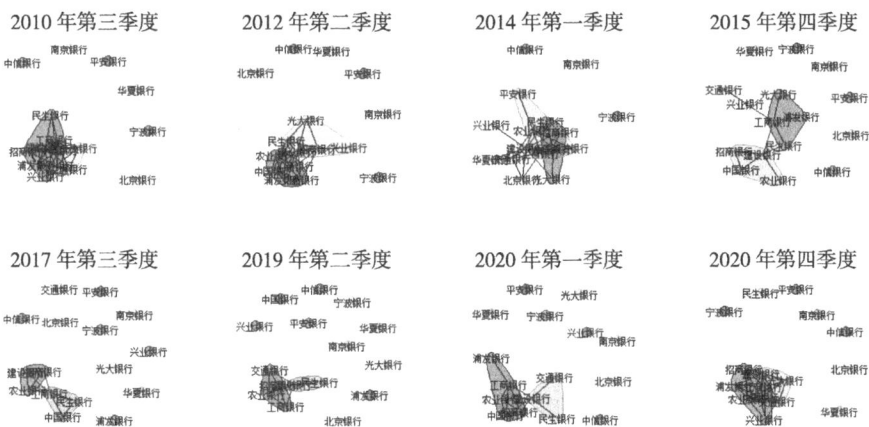

2010 年第三季度　　2012 年第二季度　　2014 年第一季度　　2015 年第四季度

2017 年第三季度　　2019 年第二季度　　2020 年第一季度　　2020 年第四季度

图 7 - 9　持股地产企业网络社团分割

由图 7 - 8 和图 7 - 9 可知，共同股东网络与共同持股地产企业网络
呈现出两种截然不同的聚类情况。在共同股东网络中，最初由工商银行、
建设银行等几家系统重要性银行作为枢纽节点，将网络分为三个社团，
并维持整个银行体系的连通性，随后社团规模的不断上升，最终形成一
个接近全局的大社团。这与现实相符，系统重要性银行分别连接着各个
银行节点，并通过四大商业银行之间的联系将整个银行系统串联起来，
后因我国股市暴跌事件的发生使交叉持股成本大大降低，共同股东网络
由此越发贴近全局耦合网络，整体形成一个极大社团。受疫情冲击，

2020 年第三季度银行股东网络分裂成两个规模趋于一致的大型子社团，但随后又逐渐复原，印证银行网络的鲁棒性较为良好；而共同持股地产企业网络的社团规模逐年减小，并逐渐收敛至由几家系统重要性银行构成的子网络。这说明银行业虽然整体有脱离地产行业股权投资的趋势，但系统重要性银行因风险承受能力强、维持地产行业稳定等缘故，依旧与地产企业保持着较为稳定的联系。一方面，维持地产行业的稳定需要银行系统的信贷支持；另一方面，地产行业的信贷存量会倒逼银行系统为其提供新一轮的信贷增量，易发生"太大而不能倒"的情况，造成系统性银行的巨额隐性坏账。综上所述，系统性重要银行作为网络的枢纽节点，对银行多层网络的连通性有着至关紧要的作用。本章从上述角度论证了防范系统风险，需重点把控系统重要性银行的风险溢出路径。

7.4.4 银行业网络结构对系统性风险影响实证检验

（1）数据说明与检验。季频 $\Delta CoVaR$ 的获取基于对日频 $\Delta CoVaR$ 按季度取均值。$\Delta CoVaR$ 测算中所用数据的测算来源于国泰安数据库、中国外汇交易中心暨全国银行间同业拆借中心与中国债券信息网，解释变量均基于国泰安数据库，控制变量除非利息收入、不良贷款率来源于 Wind 数据库外，其余变量均源于国泰安数据库。数据描述性统计与平稳性检验如表 7 - 1 和表 7 - 2 所示。表 7 - 2 表明，除了公司年龄与规模为一阶单整变量外，其余变量均为平稳变量。

表 7 - 1　　　　　　　　　　描述性统计

变量划分	符号	变量名称	样本量	均值	标准差	最小值	最大值
被解释变量	$\Delta CoVaR$	系统性风险	672	3.161	0.895	1.991	8.739
被解释变量	$Dmul$	多层网络中心性	672	0.127	0.101	0	0.4634
被解释变量	GD	股东网络中心性	672	21.83	15.12	0	58
解释变量	FDC	地产网络中心性	672	7.922	14.09	0	83
解释变量	DK	贷款网络中心性	672	660.1	828.2	0	4952
解释变量	$Size$	银行规模	672	12.64	0.4911	11.29	13.524
解释变量	Age	上市年龄	672	10.61	5.5712	0.1178	29.75

续表

变量划分	符号	变量名称	样本量	均值	标准差	最小值	最大值
控制变量	ROE	净资产收益率	672	0.0067	0.0029	0.1521	0.14
	PB	市净率	672	0.9942	0.345	0.34	2.69
	Bad	不良贷款率	664	1.216	0.4266	0.34	2.4
	Non	非利息收入占比	672	26.59	9.3432	7.0219	57.17
	GDP	GDP 同比增长率	672	6.702	3.0648	−6.8	10.9
	M2	广义货币供应量增长率	672	12.05	2.9129	8	19.73

表 7 – 2 单位根检验

符号	检验方法	结果
CoVaR	LLC	平稳
Dmul	LLC	平稳
GD	LLC	平稳
FDC	LLC	平稳
DK	LLC	平稳
Size	LLC	一阶单整
Age	LLC	平稳
ROE	LLC	一阶单整
PB	LLC	平稳
Bad	LLC	平稳
Non	LLC	平稳
GDP	LLC	平稳
M2	LLC	平稳

（2）基准回归结果。

第一，基于单层网络的系统性风险分析。表 7 – 3 列（1）、列（2）、列（3）、列（4）分别检验了银行共同股东网络、共同贷款网络以及持股地产企业网络对系统性风险的溢出效应。

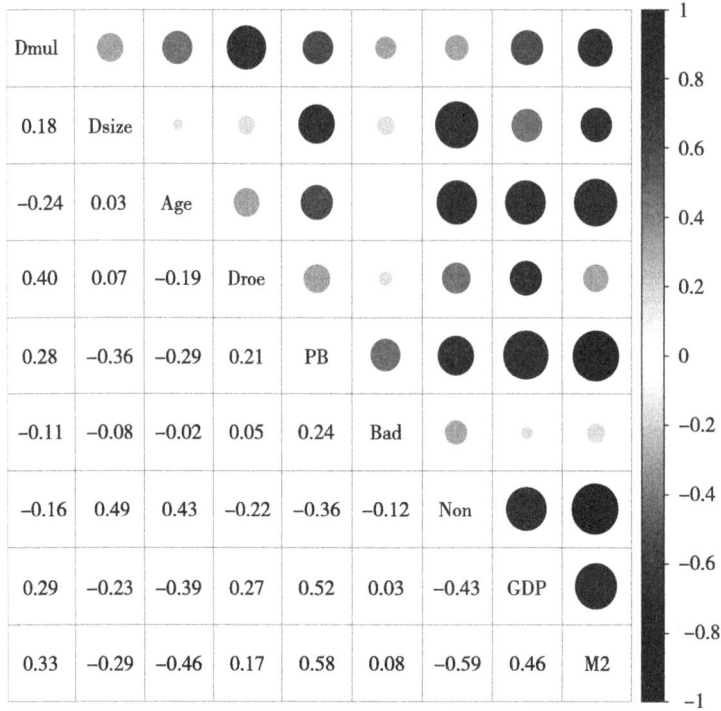

图 7 – 10　相关系数热图

表 7 – 3　单层网络回归结果

变量	（1）共同股东	（2）共同贷款	（3）共同贷款	（4）持股地产
Holder	0.0972 *** (0.0336)			
Loan		0.0164 (0.0206)	− 0.173 ** (0.0816)	
$Loan^2$			0.0787 ** (0.0321)	
Property				0.0889 *** (0.0108)
控制变量	Yes	Yes	Yes	Yes
截面效应	Yes	Yes	Yes	Yes

变量	（1）	（2）	（3）	（4）
	共同股东	共同贷款	共同贷款	持股地产
时间效应	Yes	Yes	Yes	Yes
Con _	2.719 ***	1.863 ***	2.048 ***	2.386 ***
	(0.647)	(0.606)	(0.617)	(0.641)
N	656	656	656	656
Wald chi2	1098.88	915.5	930.89	1305.11

由表 7 - 3 列（1）可知，银行共同股东层网络度中心性与系统性风险成显著正相关。银行股东通过交叉持股带来资源与信息便利的同时，也扩大了金融风险的传染。若持股的银行受到极端尾部风险事件冲击时，该家银行的风险会通过共同持股关联路径迅速扩散外溢。直觉上共同股东网络越接近中心位置，对银行系统的风险溢出能力越强。

由表 7 - 3 列（2）、列（3）可看出，当模型设定为线性函数时，银行在共同贷款网络中的度中心性对系统性风险并无显著影响，在加入中心性的二次项后，参数显著为正，表明系统性风险与共同贷款网络度中心性成正 U 形关系，这与 Allen 和 Gale（1998；2000）的观点相符。根据 Allen 和 Gale（1998；2000），在银行度中心性较低时，随着银行与其他银行共同贷款客户数量的上升，即随着银行在共同贷款网络中度中心性的上升，银行业网络连通性趋于上升，但是度中心性上升带来的风险暴露相对较小，某一银行受到冲击时，这种冲击被连接较为紧密的若干银行吸收，能够通过银行业网络有效分散，从而降低了银行系统性风险。但是，随着共同贷款客户数量的进一步上升、银行在网络中的度中心性的上升，网络连通性进一步上升，所有银行的风险暴露快速上升，此时某一银行受到冲击后，冲击不能由少数银行吸收或分散，而是迅速传染至整个网络，系统性风险上升。基于以上分析，共同贷款网络中心性与系统性风险成 U 形关系。

通过表 7 - 3 列（4）可知，银行持股房地产网络的度中心性会显著增加银行的系统性风险，这与预期一致。银行持股房地产企业增强了银行业绩对于房地产企业的敏感性，房地产企业破产将对持股银行形成直接威胁，进而形成银行向所持股房企的被迫授信与持续授信，从而进一步增强了银行的风险暴露。一旦地产泡沫破灭，风险会迅速蔓延至整个银行系统。

第二，基于多层网络的系统性风险分析。多层网络基准回归结果如表7-4所示。表7-4的列（1）至列（5）以多重网络复合度中心性为解释变量，列（6）与列（7）则以各层网络度中心性的第一主成分为解释变量。具体地，列（1）展示了基准普通最小二乘法（OLS）回归模型结果；列（2）与列（3）为基于固定效应与随机效应模型的基准回归结果；列（4）、列（5）为采用全面 FGLS 进行的基准回归，两者区别在于列（4）默认每个银行截面的自回归系数均相等，而列（5）设定为每个银行截面的自回归系数均异质。

表7-4　　　　　　　　　　多层网络基准回归结果

变量	（1）OLS	（2）FE	（3）RE	（4）全面 FGLS _ ar	（5）全面 FGLS _ psar	（6）FE	（7）全面 FGLS _ ar
Dmul	0.651 * (0.376)	0.121 ** (0.0569)	0.145 ** (0.0550)	0.251 *** (0.0713)	0.254 *** (0.0739)		
F1①						0.0132 * (0.0071)	0.013 *** (0.0047)
GDP	− 0.0168 (0.0137)	− 0.0264 *** (0.00364)	− 0.146 *** (0.0204)	− 0.0013 (0.0107)	0.0089 (0.0126)	− 0.0242 *** (0.0036)	0.0016 (0.0112)
M2	0.0987 *** (0.0180)	0.143 *** (0.0054)	0.243 *** (0.0157)	0.0407 ** (0.0177)	0.0673 *** (0.0197)	0.152 *** (0.0013)	0.0567 *** (0.0182)
Dsize	− 0.0047 (2.297)	0.247 (0.287)	0.223 (0.272)	0.0489 (0.162)	0.0817 (0.167)	0.226 (0.279)	− 0.0748 (0.127)
Age	− 0.0228 *** (0.0072)	0.0993 *** (0.0042)	− 0.0227 (0.0199)	0.0165 (0.0210)	0.0450 * (0.0232)	0.104 *** (0.0027)	0.0334 (0.0216)
Droe	− 18.58 ** (8.791)	− 9.782 (5.943)	− 9.949 * (5.795)	− 5.018 (3.235)	− 4.438 (3.340)	− 8.770 (5.695)	− 4.120 (2.742)

① F1 指基于主成分分析法进行降维后的多层网络度中心性。

续表

变量	（1） OLS	（2） FE	（3） RE	（4） 全面 FGLS _ ar	（5） 全面 FGLS _ psar	（6） FE	（7） 全面 FGLS _ ar
Non	0.0036 (0.0051)	0.0022 * (0.0012)	0.0022 (0.0015)	0.0004 (0.0006)	0.0006 (0.0007)	0.0031 * (0.0016)	0.0002 (0.0005)
PB	−0.0088 (0.140)	0.0826 (0.0646)	0.0756 (0.0625)	−0.0596 * (0.0330)	−0.0489 (0.0342)	0.0631 (0.0594)	−0.0366 (0.0260)
Bad	0.670 *** (0.111)	0.0478 * (0.0244)	0.0529 * (0.0267)	0.0784 ** (0.0305)	0.102 *** (0.0318)	0.048 * (0.0259)	0.118 *** (0.0261)
银行	No	Yes	Yes	Yes	Yes	Yes	Yes
季度	No	Yes	Yes	Yes	Yes	Yes	Yes
Con _	1.361 *** (0.345)	1.463 (0.459)	1.569 (0.426)	2.159 *** (0.456)	1.501 *** (0.493)	2.716 *** (0.017)	1.761 (0.461)
N	656	656	656	656	656	656	656
Wald chi2				1322.94	1329.33		2651.41

由表 7－4 可知，多层网络的各模型拟合效果及解释变量系数的大小相较于单层网络均有一定程度的提升，证实了只探讨单层网络会引发对系统性风险影响的低估，只考虑单层网络建模回归会导致信息损漏，不足以表征多层次、广联系的银行复杂系统。多层网络能更好地表征和解释系统性风险的传染，进而能合理刻画与识别系统性风险溢出。由表 7－4 列（1）可知，基准模型经过 OLS 回归后，综合中心度的系数在 10% 显著性水平上显著为正。列（2）与列（3）给出了固定效应模型与随机效应模型估计结果；在两种模型设定形式下，银行多层网络中心度与系统性风险均显著正相关，即银行多重网络综合中心度的上升会增加系统性风险。这与李守伟等（2019）的研究基本一致。处于多层网络中的银行，其与其他银行间的关联性是多维的、多属性的，信息传递途径更多、更复杂，这无疑增加了各银行间决策与经营的一致性，面对外部冲击采取一致性行动的可能性上升，系统性风险传染显著提升。具体地，银行尤其是系统重要性银行在决策层网络中的行动会迅速传递至其他银行，这进一步导致各银行在经营过程中的一致，具体表现为银行信贷业

务的相似性与股权投资业务的相似性，银行同质性经营不断趋强，银行系统性风险不断上升，使银行在所遭受的极端尾部事件冲击超出自身抗风险能力时，极端风险事件将通过多种渠道、多层网络蔓延，演化为系统性风险。在多层网络中，银行越接近网络中心位置，极端风险的扩散与覆盖范围越广泛，风险的"回荡效果"越明显，整个金融系统的稳定性面临重大考验。以上分析在表7-4列（4）、列（5）中得到进一步印证。基于全面FGLS的估计结果表明，在假设截面相关性相等与不相等两种情况下，多层网络度中心性对系统性风险溢出的回归结果始终显著为正。由表7-4列（6）、列（7）可知无论是采用信息熵函数还是基于主成分分析法进行中心度的降维，银行多层网络综合中心度始终显著正向影响系统性风险，且效果相较于单层网络更佳，表明基于多层网络分析系统性风险具有优越性。

（3）内生性检验。本章可能存在的内生性问题主要包括两个方面：第一，样本选择偏差问题。本章选取了16家上市商业银行，未上市银行或上市较晚的银行未纳入多层网络，但这些银行对系统性风险也可能存在显著影响，造成样本选择偏差问题。第二，双向因果问题。银行在网络中的度中心性提高可显著增加对系统的风险溢出。反过来，系统性风险较高的银行势必受到监管部门的强管控，银行业务会受到限制（如系统重要性银行被要求提高资本充足率，或受到更严格的房地产贷款集中度限制等），银行在共同股东网络、共同贷款网络或共同持股房地产网络中的位置会发生变化，从而影响了网络度中心性。

针对样本选择偏差问题，本章采用 Heckman 二阶段模型进行修正。在选择方程中，本章采用资产规模（Dsize）、年龄（Age）、资产负债率（Lev）、前十大股东股权占比（TOP10）和不良资产率（Bad）作为影响银行节点是否处于多层网络中的决定变量，具体如式（7-12）所示。其中，*Select* 为银行是否处于多层网络中的虚拟变量，处于为1，否则为0，其余变量含义均与上文保持一致。通过该模型计算出逆米尔斯比率（λ）并作为控制变量代入结果方程，具体见式（7-13）。回归结果见表7-5中列（1）、列（2），可知λ在1%水平上显著，说明存在样本选择偏差问题。经过 Heckman 模型修正后的变量系数方向均与原模型保持一致，本章结果未发生改变，即银行多层网络会显著正向影响系统性风险溢出。

$$Select_{i,t} = \alpha_0 + \beta_1 Dsize_{i,t} + \beta_2 Age_{i,t} + \beta_3 Lev_{i,t} + \beta_4 TOP10_{i,t}$$
$$+ \beta_5 Bad_{i,t} + Bank_i + Quarter_t + \varepsilon_{i,t}$$

$$(7-12)$$

$$\Delta CoVaR_{i,t} = \alpha_0 + \beta_1 Dmul_{i,t} + \beta_2 \lambda_{i,t} + \sum_{k=1}^{n} \gamma_k Control_{k,i,t}$$
$$(7-13)$$
$$+ Bank_i + Quarter_t + \varepsilon_{i,t}$$

表 7-5　　　　　　　　　　　模型内生性修正结果

变量	(1) Heckman 选择	(2) Heckman 结果	(3) 代理一阶段	(4) 代理二阶段
$Dmul$		0.784 *** (0.139)		0.3981 * (0.2133)
$\Delta CoVaR$			-0.0066 ** (0.0029)	
$TOP10$	1.832 ** (0.7302)		-0.0047 (0.2371)	
Lev	-3.607 (1.761)		-0.1856 (0.1052)	
$Dsize$	1.760 *** (0.4761)	0.525 *** (0.0286)	0.3598 ** (0.1394)	2.195 *** (0.640)
Age	0.0819 ** (0.0327)	-0.0106 *** (0.002)	-0.0321 *** (0.0089)	-0.0736 (0.0476)
Bad	1.143 *** (0.4379)	0.0529 (0.0370)	0.0604 ** (0.237)	0.589 *** (0.140)
GDP		-0.240 *** (0.0323)		-0.0045 (0.0181)
$M2$		0.285 *** (0.0322)		0.117 *** (0.0257)
$Droe$		-13.42 (13.05)		-21.23 ** (8.578)

续表

变量	（1）	（2）	（3）	（4）
	Heckman 选择	Heckman 结果	代理一阶段	代理二阶段
Non		− 0. 0049 ***		− 0. 0112
		（0. 0014）		（0. 0073）
PB		− 0. 0208		0. 107
		（0. 0448）		（0. 173）
λ	− 1. 235 ***			
	（0. 524）			
不可识别				614. 47 ***
				（0. 000）
弱工具变量				150. 4
银行	Yes	Yes	Yes	Yes
季度	Yes	Yes	Yes	No
$Con\_$	10. 55	− 6. 279 ***	− 2. 292	
	（15. 27）	（0. 485）	（1. 482）	
N	656	656	656	656

  针对双向因果问题，本章借鉴陈运森等（2011）与傅代国等（2014）的方法，采用代理变量两阶段回归法进行模型修正。首先对核心解释变量多层网络中心度 Dmul 进行回归预测，一阶段预测如式（7 - 14）所示。进一步对该模型提取残差，将残差作为内生变量多层网络中心度 Dmul 的工具变量进行二阶段的回归。该方法实际上是将核心解释变量受被解释变量影响的部分予以剔除与提纯，使用式（7 - 14）得到的残差作为主回归的工具变量。回归结果见表7 - 7 中列（3）、列（4），由列（3）可知，$\Delta CoVaR$ 的参数在5% 水平上显著为负，印证了系统性风险的提高会负向影响银行多层网络位置。在经过二阶段的工具变量法修正后，核心解释变量的方向与原有研究保持一致［列（4）］。虽变量系数大小发生变化但在可接受范围内，印证了本章结果的稳健性。

$$Dmul_{i,t} = \alpha_0 + \beta_1 \Delta CoVaR_{i,t} + \beta_2 Dsize_{i,t} + \beta_3 Age_{i,t} + \beta_4 Lev_{i,t} + \beta_5 TOP10_{i,t}$$
$$+ \beta_6 Bad_{i,t} + Bank_i + Quarter_t + \varepsilon_{i,t}$$

（7 － 14）

（4）稳健性检验。本章的稳健性主要分为以下七种。

第一，考察系统重要性银行多层网络中心性与非系统重要性银行度中心性对系统性风险的影响。

第二，探讨不同性质银行多层网络度中心性对系统性风险的影响。

第三，疫情前后银行网络度中心性对系统性风险的影响。以上稳健性检验结果见表7-6。

表7-6　　　　　　　　　稳健性分析（一）

| 变量 | (1) | (2) | (3) | (4) | (5) | (6) | (7) |
	系统	非系统	国有制	股份制	城商行	疫情前	疫情后
$Dmul$	0.264 *	0.127 **	0.361 **	0.214 ***	0.630 *	0.556 *	0.372 ***
	(0.155)	(0.061)	(0.151)	(0.0734)	(0.336)	(0.315)	(0.060)
控制变量	Yes	Yes	Yes	Yes	Yes	Yes	Yes
银行	Yes	Yes	No	No	No	Yes	Yes
季度	Yes	Yes	Yes	Yes	Yes	Yes	Yes
$Con\_$	5.708 ***	1.777 ***	4.871 ***	2.475 ***	8.014 ***	−421.1 ***	2.447 ***
	(1.306)	(0.478)	(1.227)	(0.501)	(2.080)	(35.94)	(0.716)
N	164	492	205	328	123	64	592
$Wald\ chi2$	72.48	558.95	1355.64	9.39	52.14	6186.47	2178.33

第四，用综合中介中心性与综合接近中心性替代综合程度中心性进行回归，中介中心性与接近中心性的定义如下：

$$Betweeness_i = \frac{\sum\limits_{j}^{V} \sum\limits_{k}^{V} \frac{g_{jk}(i)}{g_{jk}}}{(n-1)(n-2)} \qquad (7-15)$$

$$Closeness_i = \frac{1}{\sum\limits_{j=1}^{V} dist(i,j)} \qquad (7-16)$$

其中，$g_{jk}(i)$ 表示通过节点 j、k 间通过节点 i 的最短路径数量，而 g_{jk} 表示节点 j、k 间全部最短路径数量，n 代表第 K 层网络的节点数量；$\sum\limits_{j=1}^{V} dist(i,j)$ 表示在第 k 层网络中，节点 i 至其他全部点的距离之和。在此基础上，根据式（7-7）计算综合中介中心性 $Bmul$ 和综合接近中心

性 *Cmul*。

第五，调整样本期，将样本期从 2010 年至 2020 年调整至 2012 年至 2020 年进行回归。第六，采用 DCC – GARCH 模型重新测算 $\Delta CoVaR$，替代采用分位数模型测算的系统性风险进行回归。第七，将银行共同贷款网络替换对地产上市公司的贷款网络，试探究银行向地产企业的共同贷款网络对系统性风险的影响。以上稳健性检验结果见表 7 – 7。

表 7 – 7 稳健性检验（二）

变量	（1）中介中心性	（2）接近中心性	（3）DCC – GARCH – CoVaR	（4）调整样本期	（5）地产企业贷款网络
Bmul	0. 189 *** （0. 0563）				
Cmul		0. 216 *** （0. 0691）			
Dmul			0. 472 *** （0. 0964）	1. 561 ** （0. 675）	0. 364 *** （0. 0842）
控制变量	Yes	Yes	Yes	Yes	Yes
银行	Yes	Yes	Yes	Yes	Yes
季度	Yes	Yes	Yes	Yes	Yes
*Con _	1. 613 *** （0. 512）	1. 729 *** （0. 613）	2. 642 *** （0. 915）	2. 425 （3. 021）	2. 098 *** （0. 421）
N	672	672	528	640	672
Wald chi2	691. 96	739. 17	1667. 72	494. 32	1318. 63

由表 7 – 6 可知，无论是系统重要性银行还是非系统重要性银行，无论是国有商业银行还是股份制商业银行或城市商业银行，无论是疫情前还是疫情后，银行业多层网络的综合度中心性均对银行系统性风险具有显著的正影响，即银行与其他银行关联程度的上升以及关联属性的增加很大程度上加剧了银行业的系统性风险，这与现有的"太连接而不能倒"的观点是一致的，再次印证了前文的结论。

由表 7 – 7 可知，在将度中心性更换为中介中心性［列（1）］、接近中心性后［列（2）］，多重网络中心性对系统性风险的影响仍然在 1% 的显著性水平上显著。此外，在将基于分位数回归得到的 $\Delta CoVaR$ 替换为基于 DCC – GARCH 模型重新测算的 $\Delta CoVaR$ 后［列（3）］，以及调整样本期后［列（4）］，$Dmul$ 的参数仍然在 1% 显著性水平上显著。将共同贷款网络替换为面向房地产企业的共同贷款网络后，$Dmul$ 的参数仍然在 1% 显著性水平上显著。以上结果表明，多层网络综合中心性对银行系统性风险具有显著正向影响，且结果具有很强的稳健性。

7.5　系统性风险的多重网络传染机制

前文已经证实，银行业系统性风险存在多层网络传染，那么，多重网络之间是什么关系？银行业系统性风险的传染是否存在跨网络立体式传染。我们采用中介机制检验方法进行实证检验。前文分析表明，银行间的关联具有多重属性，不同属性的连通构成了不同层次的网络。银行间决策层网络关联程度的上升在带来资源、信息优势的同时，也通过同行效应（Peer Effect）提高了各银行间决策的一致性，从而提高了经营层网络的相似性，如共同贷款网络与共同持股层网络。无论是共同贷款网络还是共同持股房地产形成的网络，银行在这些网络中的度中心性的提高均意味着银行业经营相似性的上升以及共同风险暴露或敞口的上升，这在提高各银行系统性风险的同时，无疑增加了风险传染的渠道。

基于以上分析，为厘清银行系统性风险的多层复杂网络传染机制问题，将银行多层网络分为决策层网络与经营层网络，应用并行中介效应模型探究：（1）银行经营层网络是否在决策层网络与系统性风险关系中发挥中介效应，如果存在中介效应，则表明存在跨网络立体式传染；（2）决策层网络与经营层网络对系统性风险传染的贡献分别为多少，即直接效应与间接效应在总效应中的占比；（3）基于间接效应的相对大小，判断不同属性的经营层网络在系统性风险传染中的主次位置。基于以上研究目的，借鉴方杰等（2014）的研究，设定如下并行多重中介效应检验模型：

$$\Delta CoVaR_{i,t} = \alpha_0 + \beta C\_Holder_{i,t} + \sum_{k=1}^{n} \gamma_k C\_Control_{k,i,t} + Bank_i$$

$$+ Quarter_t + \varepsilon_{i,t} \qquad (7-17)$$

$$Loan_{i,t} = \alpha_0 + \beta C\_Holder_{i,t} + \sum_{k=1}^{n} \gamma_k C\_Control_{k,i,t}$$

$$+ Bank_i + Quarter_t + \varepsilon_{i,t} \qquad (7-18)$$

$$Property_{i,t} = \alpha_0 + \beta C\_Holder_{i,t} + \sum_{k=1}^{n} \gamma_k C\_Control_{k,i,t}$$

$$+ Bank_i + Quarter_t + \varepsilon_{i,t} \qquad (7-19)$$

$$\Delta CoVaR_{i,t} = \alpha_0 + \beta_1 C\_Holder_{i,t} + \beta_2 C\_Loan_{i,t} + \beta_3 C\_Property_{i,t}$$

$$+ \sum_{k=1}^{n} \gamma_k C\_Control_{k,i,t} + Bank_i + Quarter_t + \varepsilon_{i,t}$$

$$(7-20)$$

多重并行中介效应估计结果见表7-8。

表 7-8　　　　　　　　　中介效应检验结果

变量	(1)	(2)	(3)	(4)
	$\Delta CoVaR$	$Loan$	$Property$	$\Delta CoVaR$
C_Holder	0.0972 ***	0.0758 ***	0.1518 ***	0.0378 ***
	(0.0337)	(0.0096)	(0.0239)	(0.0086)
C_Loan				0.0282 ***
				(0.0104)
$C\_Property$				0.0551 ***
				(0.0056)
$Loan$ 中介占比				4.43%
$Property$ 中介占比				17.32%
控制变量	Yes	Yes	Yes	Yes
银行	Yes	Yes	Yes	Yes
季度	Yes	Yes	Yes	Yes
$Cons\_$	2.108 ***	0.6023 ***	-1.179 ***	-2.800 ***
	(0.585)	(0.0334)	(0.2305)	(0.0385)
N	656	656	656	656
$Wald\ chi2$	1098.88	1098.17	2796.31	999.93

由表7-8估计结果可知，所有方程的参数估计值均在1%显著性水平上显著。观察列（1）、列（4）发现，度中心性 C_Holder 的参数估计值由列（1）的0.0972下降至列（4）0.0378，且 C_Loan 与 $C\_Property$ 两个决策层网络的度中心性对系统性风险传染也具有显著影响，表明列（4）中 C_Loan 与 $C\_Property$ 两个决策层网络的度中心性在一定程度上分流了决策层网络（共同股东网络）对系统性风险传染的影响。进一步观察列（2）及列（3）中 C_Holder 的参数估计值发现，共同股东网络度中心性对共同贷款层网络与共同持股房地产网络的度中心性具有显著性影响，分别为0.0758、0.1518。据此我们得出以下结论：存在共同贷款网络与共同持股房地产网络在决策层网络影响系统性风险的并行中介传导效应（部分中介），系统性风险存在跨网立体式传染，具体传导机制如图7-11所示。

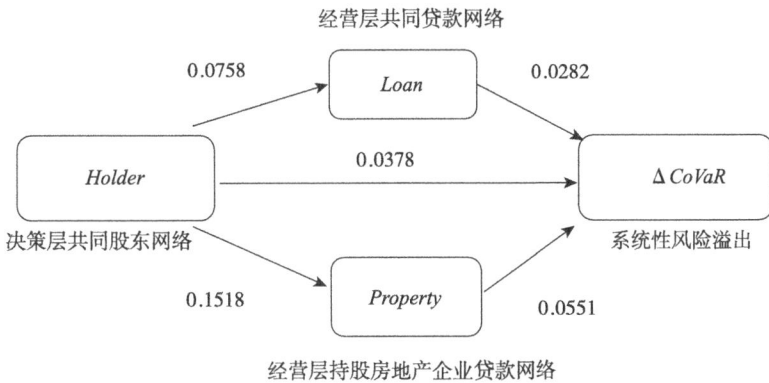

经营层共同贷款网络

0.0758　　　　　$Loan$　　　　　0.0282

$Holder$　　　　0.0378　　　　$\Delta CoVaR$

决策层共同股东网络　　　　　　系统性风险溢出

0.1518　　　　　$Property$　　　　　0.0551

经营层持股房地产企业贷款网络

图7-11　并行多重中介效应传导机制

基于以上估计结果进一步测算共同股东层网络度中心性对系统性风险传染的直接效应与间接效应分别为0.0378、0.0105，总效应为0.0483，直接效应占比为78.26%，间接效应占比为21.74%。在间接效应中，共同贷款网络对风险传染的贡献为4.43%，共同持股房地产网络对风险传染的间接贡献占比为17.32%。据此我们得出以下结论：第一，银行业共同股东形成的决策层网络是系统性风险传染最重要的渠道，其直接传染效应占到了总效应的78.26%。第二，跨网络传染形成的间接效应相对较低，占总效应的 21.74%，但不可忽视。第三，两个经营层网络的中介效应存在较大差异，银行业共同持股房地产形成的股权投资网络的中介传染效应更强。

7.6　本章小结

刻画并捕捉银行间多层、复杂网络对厘清系统性风险作用机理与传染路径具有重要意义。本章利用我国 16 家上市商业银行 2010 年第三季度至 2020 年第四季度数据，构建动态决策层网络（基于共同股东形成的共同股东网络）与动态经营层网络（基于共同贷款形成的债权网络与基于共同持股房地产公司形成的股权网络），在多层网络特征及系统性风险的基础上，实证检验了银行系统性风险传染的多层复杂网络特征及作用机制。结果表明：一是银行多层网络中心性与系统性风险显著正相关，相较于单层网络，多层网络结构能够捕捉更多的系统性风险信息，对系统性风险有更强的解释力。二是银行系统性风险传染具有显著的网络间传染与网络内传染的立体式传染特征，为系统性风险防范提出新思路。三是多层网络结构影响系统性风险的机制分析表明，经营层网络具有显著的并行中介效应（部分中介），且银行持股房地产的股权网络的中介效应显著强于银行债权网络。

针对上述结论提出以下政策建议：第一，高度重视银行尤其是系统重要性银行多层网络的复杂性与多重性特征。金融风险爆发时不仅通过单层网络传播，而且是多层网络立体式传染，银行机构应建立起以多层网络为基础的风险预警和识别机制，防范系统性金融风险跨层次传染。第二，完善和强化商业银行尤其是系统重要性银行内外部治理。严格管控银行间的共同股东尤其是共同大股东数量与特征，通过加强银行大股东资格审查、限制银行间共同大股东数量等措施增强银行间的决策独立性，减少对银行系统的风险溢出路径。第三，高度重视银行业共同贷款网络与共同股权网络的动态监管，强化银行业差异化竞争对策，抑制同质性竞争，规范银行对实体经济的股权投资，加强对产融结合的监管。

第四，加强对共同贷款企业尤其是行业龙头企业、产业链核心企业的监管、财务预警与信用评级的披露，提高企业尤其是上市公司（行业龙头企业、产业链核心企业）信用评级质量，防止共同贷款企业信用风险的发生。第五，进一步加强和完善银行业对地产行业贷款集中度管理制度的建设，通过市场化手段优化银行业对房地产业的持股，在盈利性与资产安全性间寻求更大平衡。第六，稳步实现银行业资产在传统产业资产（两高行业）与绿色产业资产间的动态均衡，大力发展绿色金融，保证金融资产的安全性，将企业是否进行 ESG 投资以及 ESG 报告质量纳入授信根据，降低由于共同贷款企业及所持股企业的特质风险在网络中的传染。第七，在现有限制单家银行对地产企业的贷款集中度的基础上，应进一步限制多家银行对同一家地产企业的贷款数量以及向同一家地产企业贷款的银行数量。通过给地产企业设立贷款银行数量上限，有效降低风险传播路径，维持银行业、地产行业的健康稳定发展。第八，尝试建立系统重要性非金融公司动态评价、监督、预警机制，在防止金融波动与系统性风险影响实体经济的同时，高度重视实体经济波动通过共同股东网络、共同贷款网络等向金融系统的传染。

第8章 结论与政策建议

8.1 结论

　　银行主导是我国金融体系的主要特征，防范和化解银行系统性风险事关金融安全与经济高质量发展，是重塑我国经济新发展格局的重要支撑，而银行业的竞争不仅关系其自身的发展，更影响着整个实体经济的发展。基于此，本书在系统梳理现有研究的基础上，深入分析了我国银行业的竞争现状、数字金融发展现状、银行数字化转型以及跨区经营现状，并基于复杂网络科学、计量经济学等工具分别就数字金融与银行业竞争、银行数字化转型与系统性风险、银行地理复杂性与系统性风险、银行经营与决策对系统性风险影响等进行了实证研究，揭示了系统性银行风险的形成与传染机理。

　　第一，基于银企信贷数据构建银行贷款网络（竞争网络与竞合网络）以测度银行业竞争，基于 DY 框架与 CoVaR 方法构建银行系统性风险外溢网络，在分析银行竞争网络与系统性风险外溢网络结构特征的基础上，利用二次指派程序（QAP）实证检验银行竞争对系统性风险的影响。研究结果表明，银行业竞争是系统性风险传染的重要驱动因子，进一步支持了"竞争脆弱"假说；随着银行竞争的加剧，银行业系统性风险传染网络的连通性趋于上升，网络传染性更强，金融系统脆弱性上升；银行业竞争加剧金融系统脆弱的重要原因在于，利率市场化使银行业经营同质性增强而差异性下降，中小银行具有了扩表能力与动力，从而使其向企业的贷款权重逐渐向大银行趋近，连通性与传染性也急剧上升，银行系统逐渐由"太大而不能倒"向"太连通而不能倒"转变。

第二，基于银企信贷关系演化视角，采用社会网络方法构建基于银企共同贷款的竞合网络和基于共同度模型的加权竞争网络测度银行业竞争，使用银行注册地及许可证信息对省域数字金融指数进行修正测度银行数字金融发展水平。在此基础上，采用二次指派程序（QAP）实证分析了数字金融发展与银行业竞争的关系。研究发现，数字化金融促进了银行业竞争，表现为"内卷"与"外卷"，使得银企关系型贷款逐渐下降，而交易型贷款不断上升，银行的定价能力与风险识别能力提升，银行业资本优化配置能力增强。大型银行与小型银行间的竞争使得双方扩大了服务实体经济的范围与深度，银行服务边界扩大，进一步促进了各类型银行的获客能力和竞争力，数字金融服务实体经济成效显著。数字金融主要通过提高金融服务的普惠性，引导金融业务覆盖市场中被忽略的长尾部分，促进银行业整体竞争力的提升，并由此改善了银行业信贷结构，优化了信贷资源配置，从而提高了银行金融业务的整体效率。值得注意的是，数字金融发展促进竞争的同时，银行信贷相似性上升，需警惕数字金融发展过程中可能带来的银行系统性风险。

第三，采用 2000 年第二季度至 2020 年第三季度 36 家上市银行非平衡面板数据，分别基于 $\Delta CoVaR$（Adian 和 Brunnermeier，2016）方法及距离修正后的 CG 方法（Cetorelli 和 Goldberg，2014）测算各银行的系统性风险和地理复杂性，就地理复杂性对银行系统性风险的影响进行了实证研究，借鉴王擎等（2012）、李广子（2014）、Goetz 等（2013）、李双建（2017）和蔡卫星（2016）等的研究，采用 Heckman – 2SLS 方法解决样本选择偏误、双向因果等带来的内生性问题，并进一步从同行效应（Peer Effect）、委托代理摩擦（Principle – Agent）两个方面实证检验了地理复杂性对系统性风险的影响机制。具体地，引入复杂网络理论，创新地采用银行间贷款投向网络度中心性衡量银行间贷款相似度（loan_similar），作为中介变量检验同行效应，此外也检验了银行间代理成本（agency）的中介作用，对地理复杂性影响系统性风险的内在机制进一步探索。得到以下结论：银行地理复杂性对系统性风险具有显著的非线性影响，成倒 U 形关系，进一步支持了 Allen 和 Gale（2000）观点。当银行地理复杂性小于 2.184 时，随着地理复杂性的上升，系统性风险逐渐增大；银行地理复杂性对系统性风险的影响存在同行效应机制、委托代理摩擦两种中介机制。同行效应主要是同一个市场中银行间追随—领导的关系。初入某一市场时，为减少信息搜寻成本以及考虑到经理人的声誉问题，分支银行多会趋向模仿当地实力较为雄厚的银行的贷款投向，增大了银行间贷款投放相似度，进而增大了银行系统性风险。随着银行跨区域经营的进行，银行经营经验日趋丰富，理念日趋成熟，差异化经营意识趋强，逐渐由追随者变为领跑者，此时，地理复杂性的上升则降低了系统性风险。委托代理问题主要是由总分行间的信息不对称导致的。进行跨区域经营的初期，总行间的委托代理问题突出，导致系统性风险上升，随着银行跨区经营经验日渐丰富，公司治理日渐完善，新地区新信息的增量下降，总行对各地区分行的了解日益上升，委托代理摩擦趋缓，监管日益完善成熟，系统性风险下降。

第四，利用我国 16 家上市商业银行 2010 年第三季度至 2020 年第四季度数据，构建动态决策层网络（基于共同股东形成的共同股东网络）与动态经营层网络（基于共同贷款形成的债权网络与基于共同持股房地产公司形成的股权网络），在多层网络特征和系统性风险的基础上，实证检验了银行系统性风险传染的多层复杂网络特征及作用机制。结果表明：（1）银行多层网络中心性与系统性风险显著正相关，相较于单层网络，多层网络结构能够捕捉更多的系统性风险信息，对系统性风险有更强的解释力；（2）银行系统性风险传染具有显著的网络间传染与网络内传染的立体式传染特征，为系统性风险防范提出新思路；（3）多层网络结构影响系统性风险的机制分析表明，经营层网络具有显著的并行中介效应（部分中介），且银行持股房地产的股权网络的中介效应显著强于银行债权网络。

8.2 政策建议

银行系统性风险可分解为银行尾部风险以及银行与金融体系的关联

性，前者受微观与宏观审慎监管的影响，后者则仅与宏观审慎监管有关。因此，防范和化解银行系统性风险的总体思路是降低银行过度风险承担，对其风险承担水平进行适度性管理，从而将尾部风险控制在合理区间；同时，要对银行与整个金融体系的有关联性进行有效管理。

8.2.1 银行风险承担（尾部风险）管控

规范银行业适度竞争，抑制金融资本无序扩张，提升银行稳健经营水平，降低银行经营成本，提高银行竞争力。进一步加强和完善银行业对地产行业贷款集中度管理制度的建设，通过市场化手段优化银行业对房地产业的持股，在盈利性与资产安全性间寻求更大平衡。稳步实现银行业资产在传统产业资产（"两高"行业）与绿色产业资产间的动态均衡，大力发展绿色金融，保证金融资产的安全性，将企业是否进行 ESG投资以及 ESG 报告质量纳入授信根据，降低由于共同贷款企业及所持股企业的特质风险在网络中的传染。在现有限制单家银行对地产企业的贷款集中度的基础上，应进一步限制多家银行对同一家地产企业的贷款数量以及向同一家地产企业贷款的银行数量。通过给地产企业设立贷款银行数量上限，有效减少风险传播路径，维持银行业、地产行业的健康稳定发展。《巴塞尔协议 Ⅲ》和我国银保监会颁布的《系统重要性银行评估办法》均将银行复杂性纳入系统重要性银行的评价指标体系，但这一复杂性更侧重银行业务复杂性，对地理复杂性的关注不够。监管当局要加深对地理复杂性的认识，重视并加强对银行地理复杂性的监测与评估，将银行地理复杂性纳入当前我国系统重要性银行评价指标体系，构建和识别银行地理复杂性与系统性风险之间的反应函数。

8.2.2 银行与金融体系关联性管控

尝试建立系统重要性非金融公司动态评价、监督、预警机制，在防止金融波动与系统性风险影响实体经济的同时，高度重视实体经济波动通过共同股东网络、共同贷款网络等向金融系统的传染。高度重视银行尤其是系统重要性银行多层网络的复杂性与多重性特征。金融风险爆发时不仅通过单层网络传播，而且是进行多层网络立体式传染，银行机构应建立起以多层网络为基础的风险预警和识别机制，防范金融系统性风险跨层次的传染。

完善和强化商业银行尤其是系统重要性银行内外部治理。严格管控银行间的共同股东尤其是共同大股东数量与特征，通过加强银行大股东资格审查、限制银行间共同大股东数量等措施增强银行间的决策独立性，减少对银行系统的风险溢出路径。高度重视银行业共同贷款网络与共同股权网络的动态监管，强化银行业差异化竞争对策，抑制同质性竞争，规范银行对实体经济的股权投资，加强对产融结合的监管。

加强对共同贷款企业尤其是行业龙头企业、产业链核心企业的监管、财务预警与信用评级的披露，提高企业尤其是上市公司（行业龙头企业、产业链核心企业）信用评级质量，防止共同贷款企业信用风险的发生。完善现有银行跨区域经营管理规定，将地理复杂性纳入审核指标体系。在测度各银行的地理复杂性基础上，对银行的跨区域经营进行分类监管与许可：对于低于地理复杂性门限值（2.184）的银行，严格限制其跨区经营行为，鼓励其在本地区或相邻地区深耕，进行专业化经营；对于超过地理复杂性门限值的银行，鼓励其跨区域经营，增强我国各地区金融可得性，加大普惠金融实施力度。

参考文献

［1］白雪梅，石大龙．中国金融体系的系统性风险度量指标［J］．金融研究，2014（6）：75－85.

［2］崔日明，邹康乾．生产性服务业与全球价值链分工体系——基于我国制造业的研究［J］．经济经纬，2020（4）：56－63.

［3］陈运森，谢德仁．网络位置、独立董事治理与投资效率［J］．管理世界，2011（7）：113－127.

［4］范宏，潘弘杰，刘宇欣．动态内生拆借网络演化的银行系统稳定性［J］．系统工程，2020（2）：20－30.

［5］傅代国，夏常源．网络位置、独立董事治理与盈余质量［J］．审计与经济研究，2014（2）：67－75，84.

［6］龚晨，何建敏，李守伟．银行多层网络与系统性风险研究进展［J］．现代经济探讨，2018（11）：64－68.

［7］黄聪，贾彦东．金融网络视角下的宏观审慎管理——基于银行间支付结算数据的实证分析［J］．金融研究，2010（4）：1－14.

［8］黄玮强，范铭杰，庄新田．基于借贷关联网络的我国银行间市场风险传染［J］．系统管理学报，2019（5）：899－906.

［9］黄秀路，葛鹏飞．货币政策冲击、银行系统性风险与债权激励机制［J］．山西财经大学学报，2019（8）：44－56.

［10］蒋海，张锦意．商业银行尾部风险网络关联性与系统性风险——基于中国上市银行的实证检验［J］．财贸经济，2018（8）：50－65.

［11］李守伟，何建敏，庄亚明，等．基于复杂网络的银行同业拆借市场稳定性研究［J］．管理工程学报，2011（2）：195－199.

［12］李守伟，解一苇，杨坤，等．商业银行多层网络结构对系统性风

险影响研究 [J]. 东南大学学报（哲学社会科学版），2019（4）：77 -
84，147.

　　[13] 侯县平，傅春燕，林子枭，等. 极端风险溢出效应的定量测度及
非对称性——来自中国股市与债市的经验证据 [J]. 管理评论，2020，32
（9）：55 - 67.

　　[14] 夏越. 竞争对系统性银行风险的影响——基于中国利率市场化进
程的证据 [J]. 南方金融，2018（6）：33 - 46.

　　[15] 吴成颂，汪翔宇. 市场竞争、商业银行金融创新与银行业系统性
风险——基于 14 家商业银行的实证研究 [J]. 经济与管理评论，2019，35
（2）：118 - 127.

　　[16] 张琳，廉永辉，曹红. 银行竞争、批发融资与系统性风险 [J].
金融论坛，2020，25（8）：28 - 37.

　　[17] 符林，尹航，田国强. 利率市场化与商业银行系统性风险——基
于银行业竞争的视角 [J]. 征信，2020，38（11）：74 - 82.

　　[18] 王周伟，吕思聪，茆训诚. 基于风险溢出关联特征的 CoVaR 计算
方法有效性比较及应用 [J]. 经济评论，2014（6）：148 - 160.

　　[19] 张志刚，黄解宇，孙维峰. 中国银行业系统性风险演进及影响因
素研究 [J]. 数理统计与管理，2019，38（5）：908 - 918.

　　[20] 肖燕飞. 中国区域金融发展关联网络的构建与分析：1978—2018
[J]. 经济地理，2019，39（9）：138 - 146.

　　[21] 袁野，钱莲芬. 基于网络分析法的中国区域金融空间关联分析研
究 [J]. 温州大学学报（自然科学版），2018，39（3）：38 - 46.

　　[22] 邱路，黄国妍. 基于时变状态网络的银行风险传导研究 [J]. 物
理学报，2020，69（13）：316 - 327.

　　[23] 王睿，夏敏，王爱银，等. 基于复杂网络理论的商业银行系统风
险传染研究 [J]. 金融与经济，2020（5）：27 - 36.

　　[24] 贾凯威，曹月，张晗薇. 基于 CPI 网络连通性的消费者价格指数
感知偏差研究 [J]. 统计与决策，2021，37（3）：30 - 35.

　　[25] 李政，刘淇，温博慧. 中国系统性风险度量防范研究——基于高低
波动两阶段的视角 [J]. 南开学报（哲学社会科学版），2020（5）：

146 - 158.

[26] 文风，汪洋．我国上市银行系统关联性研究——基于方差分解的网络拓扑分析［J］．金融与经济，2017（2）：64 - 70.

[27] 林峰．勒纳指数存在"悖论"吗——基于中国民航运输业市场势力的测度［J］．财经科学，2013（8）：58 - 66.

[28] 刘洪生，伊志宏，葛红玲．交织网络格局中的商业银行贷款竞争与信贷市场效率［J］．世界经济，2009，32（11）：23 - 40.

[29] 龚柳元，毛道维，张家慧．基于复杂网络的银行竞争行为研究［J］．软科学，2012，26（6）：105 - 110.

[30] 祝昕昀，郭进利．基于复杂网络的银行竞争关系网络结构分析［J］．金融经济，2013（16）：114 - 116.

[31] 陆军，童玉芬，黄嘉．基于复杂网络的贷款竞争网络及其效应［J］．国际金融研究，2017（11）：44 - 53.

[32] 慈雯惠，谢芸．基于格兰杰因果关系检验的银行业竞争与系统性风险关系研究［J］．商场现代化，2020（8）：135 - 136.

[33] 王淑云．货币政策、银行竞争与风险承担的实证研究［J］．金融发展研究，2016（11）：44 - 50.

[34] 李双建，田国强．银行竞争与货币政策银行风险承担渠道：理论与实证［J］．管理世界，2020（4）：149 - 168.

[35] 张庆君，马红亮，岳媛．杠杆率视角下货币政策与银行系统性风险防范［J］．会计与经济研究，2020，34（4）：96 - 114.

[36] 高玮．中国银行业竞争与稳定关系研究［J］．金融理论与实践，2012（3）：56 - 61.

[37] 刘军．QAP：测量"关系"之间关系的一种方法［J］．社会，2007（4）：164 - 174，209.

[38] 谭华清．驱动我国股票市场大周期的主要因素有哪些——基于2000年以来历史数据的分析［J］．国际金融，2019（9）：63 - 70.

[39] 王国刚．中国金融70年：简要历程、辉煌成就和历史经验［J］．经济理论与经济管理，2019（7）：4 - 28.

[40] 张家臻，刘亚．中国银行业系统性风险的度量和影响因素研究

[J]．经济经纬，2018，35（5）：143 – 150.

[41] 季琳，赵延丽．银行业竞争与风险承担——中国银行业的实证分析 [J]．金融监管研究，2012（3）：64 – 73.

[42] 杨天宇，钟宇平．中国银行业的集中度、竞争度与银行风险 [J]．金融研究，2013（1）：122 – 134.

[43] 朱波，杨文华，邓叶峰．非利息收入降低了银行的系统性风险吗？——基于规模异质的视角 [J]．国际金融研究，2016（4）：62 – 73.

[44] 方意，郑子文．系统性风险在银行间的传染路径研究——基于持有共同资产网络模型 [J]．国际金融研究，2016（6）：61 – 72.

[45] 贾凯威，贺迎，曹月．网络连通性与股票市场金融传染——来自美国—金砖五国股市的经验分析 [J]．数量经济研究，2021，12（1）：111 – 140.

[46] 张晓玫，毛亚琪．我国上市商业银行系统性风险与非利息收入研究——基于 LRMES 方法的创新探讨 [J]．国际金融研究，2014（11）：23 – 35.

[47] 蔡卫星．分支机构市场准入放松、跨区域经营与银行绩效 [J]．金融研究，2016（6）：127 – 141.

[48] 王京滨，李博．银行业务地理集中是否降低了金融风险？——基于中国城市商业银行微观数据的研究 [J]．管理世界，2021，37（5）：87 – 97，127，7.

[49] 王擎，吴玮，黄娟．城市商业银行跨区域经营：信贷扩张、风险水平及银行绩效 [J]．金融研究，2012（1）：141 – 153.

[50] 姚建军．城市商业银行跨区域经营分析 [J]．南方金融，2008（1）：49 – 50，14.

[51] 薛超，李政．城市商业银行绩效：地区经济、金融发展及跨区域经营 [J]．财经论丛，2013（6）：39 – 45.

[52] 柳士顺，凌文辁．多重中介模型及其应用 [J]．心理科学，2009，32（2）：433 – 435，7.

[53] 王周伟，吕思聪，茆训诚．基于风险溢出关联特征的 CoVaR 计算方法有效性比较及应用 [J]．经济评论，2014（4）：148 – 160.

［54］姜永宏，穆金旗，聂禾．国际石油价格与中国行业股市的风险溢出效应研究［J］．经济与管理评论，2019，35（5）：99－112．

［55］朱波，卢露．我国上市银行系统重要性度量及其影响因素［J］．财经科学，2014（12）：39－50．

［56］佟孟华，李洋，于建玲．影子银行、货币政策与商业银行系统性金融风险［J］．财经问题研究，2021（1）：53－63．

［57］张天顶，张宇．模型不确定下我国商业银行系统性风险影响因素分析［J］．国际金融研究，2017（3）：45－54．

［58］刘春志，范尧熔．银行贷款集中与系统性风险——基于中国上市商业银行（2007—2013）的实证研究［J］．宏观经济研究，2015（2）：94－108．

［59］苏帆，于寄语，熊劼．更高资本充足率要求能够有效防范金融风险吗？——基于双重差分法的再检验［J］．国际金融研究，2019（9）：76－86．

［60］张琳，廉永辉．债券投资如何影响商业银行系统性风险？——基于系统性风险分解的视角［J］．国际金融研究，2020（2）：66－76．

［61］李双建．跨区经营对城市商业银行风险影响和作用机制研究［J］．投资研究，2017，36（8）：4－18．

［62］蒋冠宏，蒋殿春．中国对发展中国家的投资——东道国制度重要吗？［J］．管理世界，2012（11）：45－56．

［63］贾明，阮宏飞，张喆．上市公司澄清公告的辟谣效果研究［J］．管理科学，2014，27（2）：118－132．

［64］方意，赵胜民，谢晓闻．货币政策的银行风险承担分析——兼论货币政策与宏观审慎政策协调问题［J］．管理世界，2012（11）：9－19，56，187．

［65］张雪兰，何德旭．货币政策立场与银行风险承担——基于中国银行业的实证研究（2000—2010）［J］．经济研究，2012，47（5）：31－44．

［66］范香梅，邱兆祥，张晓云．我国中小银行地域多元化风险与收益的实证分析［J］．管理世界，2010（10）：171－173．

［67］张秀娥．优化产业结构，促进就业增长［J］．人口学刊，2006

(5)：35 - 39.

[68] 李守伟，文世航，王磊等. 多层网络视角下金融机构关联性的演化特征研究 [J]. 中国管理科学，2020 (12)：35 - 43.

[69] 马君潞，范小云，曹元涛. 中国银行间市场双边传染的风险估测及其系统性特征分析 [J]. 经济研究，2007 (1)：68 - 78，142.

[70] 隋聪，刘青，宗计川. 不良资产引发系统性风险的计算实验分析与政策模拟 [J]. 世界经济，2019 (1)：95 - 120.

[71] 王超，何建敏，马静. 基于共同持有资产的银行间接关联网络研究 [J]. 中国管理科学，2019 (11)：23 - 30.

[72] 王海林，颖超. 僵尸企业对银行的风险溢出效应研究——基于CoVaR 模型和复杂网络方法的分析 [J]. 会计研究，2019 (4)：11 - 17.

[73] 王鹏，王小军，邵思远. 小世界银行网络、非线性效应和尾部风险：随机动态视角 [J]. 南开经济研究，2020 (5)：206 - 225.

[74] 王子丰，周晔. 中美上市银行高维网络结构特征与系统性风险传染 [J]. 金融经济学研究，2018 (4)：35 - 45.

[75] 姚鸿，王超，何建敏，等. 银行投资组合多元化与系统性风险的关系研究 [J]. 中国管理科学，2019 (2)：9 - 18.

[76] 张兴敏，傅强，张帅，等. 金融系统的网络结构及尾部风险度量——基于动态半参数分位数回归模型 [J]. 管理评论，2021 (4)：59 - 70.

[77] 周晔，陈亚杰. 宏观审慎政策工具的有效性检验——基于对 114 家商业银行的实证分析 [J]. 金融监管研究，2021 (1)：49 - 65.

[78] 朱凯，王君. 影子银行发展、金融结构演进与系统性金融风险——基于 1997—2017 年全球系统性银行危机的分析 [J]. 金融监管研究，2020 (3)：19 - 34.

[79] Bai, Perron P. Estimating and Testing Linear Models With Multiple Structural Changes [J]. Econometric, 1998, 66 (1).

[80] Billio, M. , & Pelizzon, L. Value - at - risk: A multivariate switching regime approach [J]. Journal of Empirical Finance, 2000, 7 (5)：531 - 554.

[81] Longin F M. From Value at Risk to stress testing: The extreme value

approach ［J］. Journal of Banking and Finance, 2000 (2): 3 – 15.

［82］Adrian, Tobias; Brunnermeier, Markus K. CoVaR ［J］. American E-conomic Review, 2016, 106 (7): 1705 – 1741.

［83］SJH Shahzad, J Arreola – Hernandez, S Bekiros A. systemic risk analysis of Islamic equity markets using vine copula and delta CoVaR modeling. Journal of International Financial Markets ［J］. Institutions and Money Volume 56, 2018 (9): 104 – 127.

［84］Q Ji, E Bouri, D Roubaud, SJH Shahzad. Risk spillover between energy and agricultural commodity markets: A dependence – switching CoVaR – copula model ［J］. Energy Economics, 2018 (9): 14 – 27.

［85］Benoit S, Colliard J E, Hurlin C, et al. . Where the risks lie: A survey on systemic risk ［J］. Review of Finance, 2017, 21 (1): 109 – 152.

［86］Girardi, G. , & Tolga Ergün, A. Systemic risk measurement: Multivariate GARCH estimation of CoVaR ［J］. Journal of Banking & Finance, 2014, 37 (8): 3169 – 3180.

［87］Acharya, Viral, Robert Engle, and Matthew Richardson. Capital Shortfall: A New Approach to Ranking and Regulating Systemic Risks ［J］. American Economic Review , 2012, 102 (3): 59 – 64.

［88］J Idier, G Lamé, JS Mésonnier. How useful is the Marginal Expected Shortfall for the measurement of systemic exposure? A practical assessment ［J］. Journal of Banking & Finance, 2014, 47 (10): 134 – 146.

［89］Z Cao – Banq. Multi – covar and shapley value: A systemic risk measure ［J］. France Work, 2013.

［90］Reboredo, J. C. , & Ugolini, A. Systemic risk in European sovereign debt markets: A CoVaR – copula approach ［J］. Journal of International Money and Finance, 2014, 12 (2): 214 – 244.

［91］Burleson – Lesser Kate, Morone Flaviano, Tomassone Maria S, Makse Hernán A. K – core robustness in ecological and financial networks ［J］. Scientific Reports, 2020, 10 (1).

［92］Allen, Franklin and Babus, Ana Networks in Finance ［R］. Wharton

Financial Institutions Center Working Paper, 2008 (8).

［93］ Franklin Allen and Douglas Gale. Financial Contagion ［J］. Journal of Political Economy, 2000 (2), 108 (1): 1 – 33.

［94］ Martinez Jaramillo, Serafin and Alexandrova – Kabadjova, Biliana and Bravo – Benitez, Bernardo and Solorzano – Margain, Juan, An Empirical Study of the Mexican Banking System's Network and Its Implications for Systemic Risk ［R］. Bank of Mexico Working Paper, 2012 (7).

［95］ Chu. Yongqiang and Deng. Saiying and Xia. Cong. Bank Geographic Diversification and Systemic Risk ［J］. Forthcoming Review of Financial Studies, 2019, 24 (5).

［96］ Francis X. Diebold; Kamil Yilmaz. Better to give than to receive: Predictive directional measurement of volatility spillovers. 2012, 28 (1): 57 – 66.

［97］ Francis X. Diebold; Kamil Yılmaz. On the network topology of variance decompositions: Measuring the connectednesss of financial firms ［J］. Journal of Econometrics, 2014, 182 (1).

［98］ De Masi G, Gallegati M. Debt – credit economic networks of banks and firms: The Italian case ［M］. Econophysics of markets and business networks. Springer, Milano, 2007: 159 – 171.

［99］ Bikker, J. A. , Shaffer, S. and Spierdijk, L. Assessing competition with the Panzar – Rosse model: the role of scale, costs, and equilibrium ［J］. Review of Economics and Statistics, 2012, 94 (4): 1025 – 1044.

［100］ Molnar, J , Violi, R and Zhou, X. Multimarket contact in Italian retail banking: competition and welfare ［J］. International Journal of Industrial Organization, 2013, 31 (5): 368 – 381.

［101］ Shaffer, S. and Spierdijk, L. The Panzar – Rosse revenue test and market power in banking ［J］. Journal of Banking and Finance, 2015 (62): 340 – 347.

［102］ Shaffer, S. and Spierdijk, L. Market power: competition among measures ［M］. Handbook of Competition in Banking and Finance, Edward Elgar Publishing, Cheltenham, 2017.

[103] Bijoy Rakshit, Samaresh Bardhan. Bank competition in India: revisiting the application of Panzar – Rosse model [J]. Managerial Finance, 2020, 46 (11).

[104] Carbo', S, Humphrey, D. , Maudos, J. , Molyneux, P. Cross – Country Comparisons of Competition and Pricing Power in European Banking [J]. Journal of International Money and Finance , 2009, 28 (1): 115 – 134.

[105] Michael C. Keeley. Deposit Insurance, Risk, and Market Power in Banking [J]. The American Economic Review, 1990, 80 (5): 1183 – 1200.

[106] John H. Boyd and Gianni De Nicoló. The Theory of Bank Risk Taking and Competition Revisited [J]. The Journal of Finance, 2005, 60 (3): 1329 – 1343.

[107] Martinez M D, Repullo R. Does Competition Reduce the Risk of Bank Failure? [J]. Review of Financial Studies, 2010, 23 (10).

[108] Koop, G. , et al. . Impulse response analysis in nonlinear multivariate models [J]. Journal of Econometrics, 1996, 74 (1): 147 – 199.

[109] B Wellman, SD Berkowitz. Social structures: A network approach [J]. Social Forces, 1989, 68 (2): 643 – 645.

[110] Mcpherson M . An ecology of affiliation [J]. American Sociological Review, 1983, 48 (4): 519 – 532.

[111] David Krackard. QAP partialling as a test of spuriousness [J]. Social Network. 1987 (9): 171 – 186.

[112] Pais, Amelia; Stork, Philip A. Bank Size and Systemic Risk [J]. European Financial Management, 2013, 19 (3): 429 – 451.

[113] Carmassi J, Herring R. The Corporate Complexity of Global Systemically Important Banks [J]. Journal of Financial Services Research, 2016, 49 (2 – 3): 175 – 201.

[114] Cetorelli N, Goldberg L S. Measures of global bank complexity [J]. Economic policy review (Federal Reserve Bank of New York), 2014, 20 (2): 107.

［115］Goetz M R, Laeven L, Levine R. Identifying the Valuation Effects and Agency Costs of Corporate Diversification: Evidence from the Geographic Diversification of U. S. Banks ［J］. Review of Financial Studies, 2013, 26 （7）: 1787 – 1823.

［116］Guangzi L. Cross – regional operation and performance of small and medium – sized banks （In Chinese） ［J］. The Journal of World Economy, 2014, 37 （11）: 119 – 145.

［117］Wei J, Mingyue Z, Xingda C. Bank Internationalization, Regulatory Arbitrage and Risky Asset Holdings （In Chinese） ［J］. China Industrial Economics, 2021 （5）: 76 – 94.

［118］Goetz M R, Laeven L, Levine R. Does the geographic expansion of banks reduce risk? ［J］. Journal of Financial Economics, 2016, 120 （2）: 346 – 362.

［119］Chu Y, Deng S, Xia C, et al. . Bank Geographic Diversification and Systemic Risk ［J］. The Review of Financial Studies, 2020, 33 （10）: 4811 – 4838.

［120］Wagner W. Diversification at financial institutions and systemic crises ［J］. Journal of Financial Intermediation, 2010, 19 （3）: 373 – 386.

［121］Deng S, Elyasiani E. Geographic Diversification, Bank Holding Company Value, and Risk ［J］. Journal of Money, Credit and Banking, 2008, 40 （6）: 1217 – 1238.

［122］Berger A N, DeYoung R. The Effects of Geographic Expansion on Bank Efficiency ［J］. Journal of Financial Services Research, 2001, 19 （2/3）: 163 – 184.

［123］Adrian T, and M. K. Brunnermeier. CoVaR ［J］. American Economic Review, 2016 （106）: 1705 – 1741.

［124］Acharya V V, Pedersen L H, Philippon T, et al. . Measuring Systemic Risk ［J］. Review of Financial Studies, 2017, 30 （1）: 2 – 47.

［125］Faia E, Laffitte S, Ottaviano G I P. Foreign expansion, competition and bank risk ［J］. Journal of International Economics, 2019 （118）: 179 – 199.

［126］ Gropp R, Hakenes H, Schnabel I. Competition, Risk – shifting, and Public Bail – out Policies ［J］. Review of Financial Studies, 2011, 24 （6）: 2084 – 2120.

［127］ Bernini C, Brighi P. Bank branches expansion, efficiency and local economic growth ［J］. Regional Studies, 2017, 52 （10）: 1332 – 1345.

［128］ Engle R. Dynamic Conditional Correlation ［J］. Journal of Business & Economic Statistics, 2002, 20 （3）: 339 – 350.

［129］ Kleinow J, Moreira F. Systemic risk among European banks: A copula approach ［J］. Journal of International Financial Markets, Institutions and Money, 2016 （42）: 27 – 42.

［130］ Bostandzic D, Weiß G N F. Why do some banks contribute more to global systemic risk? ［J］. Journal of Financial Intermediation, 2018 （35）: 17 – 40.

［131］ De Jonghe O, Diepstraten M, Schepens G. Banks' size, scope and systemic risk: What role for conflicts of interest? ［J］. Journal of Banking & Finance, 2015 （61）: S3 – S13.

［132］ Black L, Correa R, Huang X, et al.. The systemic risk of European banks during the financial and sovereign debt crises ［J］. Journal of Banking & Finance, 2016 （63）: 107 – 125.

［133］ Understanding Mechanisms Underlying Peer Effects: Evidence From a Field Experiment on Financial Decisions ［J］. Econometrica, 2014, 82 （4）: 1273 – 1301.

［134］ Jensen M C, Meckling W H. Theory of the firm: Managerial behavior, agency costs and ownership structure ［J］. Journal of Financial Economics, 1976, 3 （4）: 305 – 360.

［135］ Hirtle B, Kovner A, Plosser M. The Impact of Supervision on Bank Performance ［J］. The Journal of Finance, 2020, 75 （5）: 2765 – 2808.

［136］ Berger A N, Miller N H, Petersen M A, et al.. Does function follow organizational form? Evidence from the lending practices of large and small banks ［J］. Journal of Financial Economics, 2005, 76 （2）: 237 – 269.

［137］Mkhaiber A, Werner R A. The relationship between bank size and the propensity to lend to small firms: New empirical evidence from a large sample ［J］. Journal of International Money and Finance, 2021 （110）: 102 – 281.

［138］Zhong H. Commercial Bank Ownership Structure and Risk Preference ［J］. Journal of Mathematical Finance, 2017, 7 （2）: 437 – 444.

［139］Aldasoro I, Alves I. Multiplex interbank networks and systemic importance: An application to European data ［J］. Journal of Financial Stability. 2016 （35）: 17 – 37.

［140］Allen F, Gale D M. Financial Contagion ［J］. Journal of Political Economy, 2000, 108 （1）: 1 – 33.

［141］Clauset A , Newman M , Moore C. Finding community structure in very large networks ［J］. Physical Review E, 2004, 70 （6 Pt 2）: 066 – 111.

［142］Douglas, W, Diamond, et al.. Bank Runs, Deposit Insurance, and Liquidity ［J］. Journal of Political Economy, 1983, 91 （3）: 401 – 419.

［143］Hasan I, Liu L, Zhang G. The Determinants of Global Bank Credit – Default – Swap Spreads ［J］. Journal of Financial Services Research, 2015, 50 （3）: 1 – 35.

［144］Hmimida M, Kanawati, . Community detection in multiplex networks: A seed – centric approach ［J］. Networks & Heterogeneous Media, 2015, 10 （1）: 71 – 85.

［145］Namaki, Ali; Asadi, Nazanin; Hajihasani, Ahmad & Raei, Reza. Analysis of Iran Banking Sector by Multi – Layer Approach ［J］. Iranian Journal of Finance, 2019, 3 （1）: 73 – 89.

［146］Rebeka, Johnson, et al.. A comparison of email networks and off – line social networks: A study of a medium – sized bank ［J］. Social Networks, 2012, 34 （4）: 462 – 469.

［147］Upper C , Worms A. Estimating Bilateral Exposures in the German Interbank Market: Is There a Danger of Contagion? ［J］. European Economic Review, 2015, 48 （4）: 827 – 849.